KB043203

갖다
버리고 싶어도
내 인생

글 . 그림 하수연

죽는 것과 사는 것, 둘 중에 하나는
쉬워야 되는 거 아닌가요?

"수연아,
너 이대로라면
6개월 안으로
죽어."

확진을 받은 지 몇 개월이 지난 어느 날.
눈앞에서 의사가 정색을 하고서는 제발 치료 좀
받으라고 말했습니다.

이대로라면 6개월 안으로 죽는다는 말도 덧붙이면서요.
그건 친구가 멀리서 달려오며 '잡히면 죽는다!' 라고
외치던 것과는 차원이 다른 예고였습니다.

내가 지금 19살인데 앞으로 고작 6개월밖에 못 산다니.
듣도 보도 못한 희귀난치병으로 19.5세에 삶을
마감해야 될지도 모른다니!

골수에서 정상적인 혈액을 만들어내지 못하는
희귀난치질환 '재생불량성 빈혈'.

남들이 피를 100만큼 가지고 있을 때 저는
기껏해야 50, 심하게는 20도 가지고 있지 않은
셈이었습니다. 이 병은 희귀난치병답게
정보가 정말 없어요.

환우회를 살펴보아도 환자가 어떤 치료 과정을 거쳐
어떻게 완치까지 이르렀는지에 대한 사례는 찾아보기
힘들 정도입니다. 저희 가족이 그랬듯이 지금 이 순간에도
누군가는 티끌만한 정보라도 얻기 위해 휴대폰과
컴퓨터를 밤낮으로 붙잡고 있겠죠.

병을 알고 완치 판정을 받기까지 자그마치 6년.

저는 그 긴 시간 동안 꾸준히 일기를 써왔어요.
기쁜 날은 기뻐서였고 슬프고 억울한 날은 잊지 않기
위해서였죠. 어느 날은 가볍게, 어느 날은 칼로 새기듯
꾹꾹 눌러 쓴 글이 아픈 시간만큼 쌓이자 이걸 다듬어서
어딘가에 올려야겠다고 생각했습니다.

병을 이겨내는 과정이 날 것 그대로 적힌 글이라면
나와 같은, 우리 가족과 같은 사람들에게 분명
도움이 될 테니까요. 그렇게 제 글은 블로그를 거쳐
책으로 나올 수 있었습니다.

어릴 때 저는 제 일상이 지루할만큼 평범하다고
생각했습니다. 오죽하면 "나는 드라마 주인공처럼 살 거야!"
라고 외치고 다녔을까요. 그게 훗날 의학드라마가
될 줄도 모르고 말이죠.

중증의 병과 죽음과의 사투는 당연히
TV에서나 보는 건 줄 알았습니다. 많은 사람들이
그렇게 생각하며 매일을 살고 있을 거라 짐작합니다.
'죽음'도 그렇죠. 언젠가 죽기야 하겠지만
그게 당장 내일이 될 거라고는 생각하지 않습니다.
바로 어제 누군가의 장례식장에 다녀왔다고 해도요.

부모, 자식, 친구, 연인도 영원히 나와 함께할 것만 같죠.
우리는 그것을 전제로 미래를 약속하고 행복을 미룹니다.
죽음도 행복도 먼 훗날 '언젠가'로요.

18살에 갑작스럽게 찾아온 '재생불량성 빈혈'이라는

희귀난치병은 제 삶을 보란듯이 산산조각 낸 다음,
어디서도 얻지 못할 깨달음과 넓은 시야를 선물해줬습니다.
세상에 무서운 게 없어보였던 부모님의 눈물,
늙어서나 찾아올 줄 알았던 죽음을 마주하며 쳇바퀴처럼
매일 똑같이 흘러가던 일상이 얼마나 소중한 것이었는지,
아픈 건 TV에서나 나오는 이야기라는 생각이 얼마나
안일한 것이었는지 깨닫게 되었거든요.

제 6년의 시간은 한 마디로 투명했습니다.
온몸의 혈관이 다 비칠 정도로 투명한 피부와 비닐커튼에
둘러쌓여 지냈던 날들을 지나며 캄캄했던 앞날이
점차 투명해졌으니까요.

이런 '투명한 나날들'을 겪은 후, 저는 세상을 더
선명하고 깨끗하게 바라보게 되었습니다.
투병기이자 온갖 상념의 집합인 이 책이 여러분의
마음을 조금이라도 움직일 수 있기를 진심으로 바랍니다.

모든 게 늦었다고 생각하는 분들에게는
같이 발 맞춰 걷는 책이, 환자분들에게는 힘과 위로가
되길 바라며 열여덟 살이었던 2011년도로 돌아가
이야기를 시작합니다.

＊정식명칭인 조혈모세포 이식을 편의상 골수이식이라고 썼습니다.
＊재빈은 재생불량성 빈혈의 줄임말입니다.

프롤로그

1장

갑작스럽게
환자가
됐는데요

2 장

힘, 그거
안 내면
안될까요?

3 장

다시
건강해질
거야

4장

나는
그러지
말았어야
했다

5 장

투명한 나날들

Thanks to

갑작스럽게
환자가
됐는데요

: 입원이라뇨.
  입원은 아픈 사람들이
  하는 거 아닌가요.

  물론
  제가 좀 아프긴 하지만
  그 정도는 아닌 거 같은데
  ….

열 여덟, 겨울.
기숙사에서 쓰러지다

○

18살이었던 2011년도 겨울.

나는 죽어라 졸업전시를 준비하던 디자인과 4학년이었다.

死학년이라고도 불릴 만큼 바쁘고 피곤한 삶을 살아내고

있었기에 끼니를 제때 챙겨먹거나 잠을 푹 잔다는 건

사치였다. 모든 걸 뒷전으로 미뤄놓고 과제에만 매달렸다.

인생을 송두리째 흔들 사건이 터질 줄도 모르고.

랩실에서 뜬 눈으로 며칠 동안 과제를 하던 어느 날

몸이 아우성치는 걸 느꼈다. 바닥이나 책상 위에서

폼보드 깔고 자지 말고 침대에서 제대로 좀

쳐 자라는 몸의 괴성이었다.

정신 역시 한계에 다다른 상태여서
대충 자리를 정리하고 일어나 기숙사로 향했다.
학과 건물은 정문에, 기숙사는 후문에 있어 오르막을
20분 정도 걸어야 했는데 걷는 내내 숨을 헐떡이다가
중간중간에 바닥이나 벽을 짚고 입 밖으로 튀어나올 듯한
심장을 가라앉혀야 했다.

"허억… 허억…"

하며 가슴을 움켜쥐고 바닥에 주저 앉아 있는 대학생을
상상해보라. 영화 주인공도 그런 영화 주인공이 따로 없다.
아무리 운동도 못하고 잠도 제대로 못 자고 끼니도 제때
못 챙겼다지만 이렇게 저질체력이 될 수 있나. 이러다
졸업전시에 내는 작품이 유작이 될지도 모르겠다고
생각했다.

겨우 기숙사에 도착해 샤워를 하는데 온통 멍투성이인
몸이 눈에 들어왔다. 온몸이 푸르스름한 게 걸어 다니는
블루베리 같았다. 장난삼아 하나둘씩 세어보았는데
마흔 개쯤에서 포기했을 만큼 많았다. 자려고 누웠더니
심장소리밖에 들리지 않았다.

층간 소음에 하루 종일 시달리는 기분이었다.

쿵쾅 쿵쾅 쿵쾅….

언젠가부터 사람 목소리가 제대로 들리지 않았고
편두통을 달고 살았으며 손톱에는 가로줄이 여러 개
생겨 다른 손톱으로 긁어보면 드르륵, 드르륵하는 소리가
났는데도 무심하게 넘겼다. 혹시라도 어디가 많이
아픈 게 아닐까 하고 생각해본 적은 한 번도 없었다.
병원과 병, 중증, 희귀난치병 이런 건 TV에서나 봤지
그 주인공이 내가 될 거라고는 상상도
해보지 않았으니까.

그러던 어느 날 아침. 일어나 침대에서 발을 내딛는 순간
누가 발목을 낚아챈 것처럼 그대로 고꾸라졌다. 자는 동안
바닥에 싱크홀이라도 생긴 줄 알았다. 나는 어리둥절한
채로 볼을 바닥에 붙이고 먼지와 머리카락들이
헐떡이는 숨에 저만치 밀려나가는 것을 바라보았다.

'나 지금 쓰러진 건가? 내가 왜 쓰러져?
며칠 전부터 기운이 없긴 했는데… 119에 전화해야 하나.
이런 걸로 해도 되는 건가? 딱히 아픈 곳은 없어 보이는데….'

일어나려 안간힘을 썼지만 소용없었다.
몸에 있는 힘을 주사기로 다 빼 버린 듯한 느낌을 받으며
미역줄기처럼 흐느적거리는 사지를 바닥에 털썩
내려놓았다. 심장이 빠르게 뛰며 바닥을 때렸다.

쿵쾅 쿵쾅 . 쿵쾅 쿵쾅.

일어나길 포기하고 숨을 몰아쉬며 생각했다.
아, 어제 바닥청소 좀 할걸.

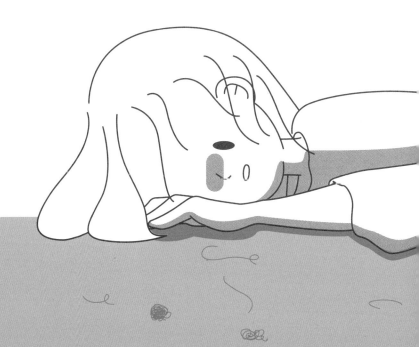

갑작스럽게
환자가 됐는데요

위태로운 상태로 용케 졸업전시를 치루고 한 달 뒤,
곤두서 있던 긴장이 확 풀렸는지 오랜만에 생리가 터졌다.
집 나간 생리가 돌아왔다는 기쁨도 잠시, 열흘이 지나도
멈추질 않았는데 이 정도면 과다출혈이지 싶었다.

가뜩이나 숨을 제대로 못 쉬어서 걸어 다니기 힘든데
피를 그렇게 쏟아내니 상태가 점점 심각해져서 집으로
내려가 며칠 쉬어야겠다고 생각했다. 부모님과 병원에
다녀올 셈으로 간단히 짐을 꾸렸는데 사실 그날은
짐이 아니라 마음을 단단히 챙겨 먹었어야 했다.

다음 날, 부모님이 나를 데리러 학교까지 오셨다.
집으로 가는 길에 요즘 몸이 안 좋다고 했더니 엄마가
내일 집 근처 병원에 같이 가보자고 했다. 뭐 별일이야 있겠는가.
진찰받고 약이나 일주일치 먹으면 끝날 일이겠거니 생각했다.

그날 밤도 역시 심장소리 때문에 제대로 잘 수가
없었는데 이 문제로 이비인후과에 갔더니 아무 이상이
없다고 했었다. 당연히 귀에는 아무런 문제가 없었을
것이다. 하루 종일 귓전을 때리는 심장소리는
피가 없어서 그런 거였으니까.

잠을 설치고 일어나 퀭한 눈으로 엄마와 함께
근처 개인 병원으로 향했다. 어릴 때부터 가던 곳이었는데
진료실에 들어가 상태를 줄줄 읊었더니 의사가 면봉 하나를
집어 들고 내 아래 눈꺼풀을 지그시 눌렀다. 눈을 위로 크게
떠 보라고 해서 잠시 위를 쳐다보았을 뿐인데 의사는
'헉' 비슷한 소리를 내고는 찬찬히 말했다.

"혈액 수치가 정상이면 아래 눈꺼풀을 뒤집었을 때
점막이 붉은데 수연이는 지금 하얘. 피검사부터 해봐야겠다.
빈혈이 많이 심각해 보여."

생리를 너무 격하게 해서 그런가….
빈혈은 누구나 한 번쯤 겪는 일이니 크게 걱정하지 않았다.
피가 없으면 수혈 받으면 되는 거 아닌가?

우리 가족 모두 대수롭지 않게 생각했다.
진료를 보고 난 후 맛있는 점심을 먹고 해안가로
드라이브까지 나갔고 나는 시원하게 펼쳐진 바다를 보며
"여러분~ 나 피 부족하대요~!" 라고 소리치고는
깔깔 웃었다. 아, 이렇게 심각한 일이 될 줄 알았다면
피가 부족하다고 동네방네 자랑하지는 않았을 텐데.

다음 날 간호사에게서 심각한 목소리로
"당장 병원으로 오셔야 합니다" 라며 전화가 왔다.
나는 세 발자국만 걸어도 헉헉대는 비루한 몸뚱이라
할 수 없이 엄마만 다녀왔는데 병원에서 내가 심각한
혈액질환을 앓고 있을지도 모른다고 했다는 것이다.
가벼운 빈혈의 범주를 훌쩍 뛰어넘었다나.
큰 병원에 가서 자세히 검사를 해봐야 한다는데 무슨
검사를 어떻게 한다는 건지 감조차 잡히질 않았다.

우리 가족은 얼떨떨한 채로 소견서 한 장을 들고
종합병원으로 향했다.

채혈부터 하고 진료실에 들어갔는데 문을 열고
의자에 앉기도 전에 입원 선고가 떨어졌다.

입원이라뇨.
저는 피검사한대서 팔 내어준 죄밖에 없는데요.
입원은 아픈 사람들이 하는 거 아닌가요.
물론 제가 좀 아프긴 하지만
그 정도는 아닌 거 같은데….

내 혈액 수치가 바닥을 기고 있다는 건 알았지만 각각의
혈구들이 맡은 임무를 제대로 알게 된 건 처음이었다.

내가 아는 거라곤
적혈구는 산소를 공급하는 애,
백혈구는 세균이랑 싸우는 애,
혈소판은 상처가 생기면 헐레벌떡 뛰어가 지혈하는 애
라는 게 전부였지 이들이 턱없이 모자랄 때 나타나는
증상은 한 번도 생각해보지 않은 문제였다.

심장이 그렇게 펌프질을 하고 조금만 걸어도 숨을
헐떡이던 건 적혈구 수치가 낮은 탓이었고, 감기몸살이
영혼의 친구였던 건 백혈구 수치가 낮은 까닭이었다.

어디에 스치기만 해도 멍이 들었던 건 혈소판이
낮았기 때문이었고, 이상하리만치 양이 많다고 생각했던
생리는 사실 생리가 아니라 하혈이었다. 사극 드라마에서
김상궁이 "중전마마께서 하혈을 하시옵니다!" 라며
쩌렁쩌렁 외치던 바로 그 하혈.

즉 혈액삼합인 적혈구, 백혈구, 혈소판 수치가
죄다 낮아서 몸이 이 모양이란 말이었다.
여태 원인불명으로 아팠던 모든 것들이 한 번에
설명되는 순간이었다.

정말이지 드럽게 명쾌했다.

잠깐 편의점에 다녀오는 기분으로 나왔다가
얼떨결에 환자복을 입고 휠체어에 강제 착석해서
병실로 올라가게 되었다. 부모님과 동생 모두 얼굴이
굳어있는데 나 혼자만 키득거렸다.
사태 파악을 못한 게 아니라 웃음이 날만큼
어이가 없어서였다.

검붉은 적혈구와 노란 혈소판을 여러 팩 수혈받았다.
헌혈 한 번 못해봤는데 이게 뭐람.

잠시 후 …

의사와 간호사가 들어와 내게 마스크를 건네며
다른 환자들에게 감염될 수 있으니 항상 착용하라고
신신당부했다. '환자한테 감염되는 환자라니 좀비 같네'
라고 생각하며 마스크 줄을 귀에 걸었다.
그들은 내 검사 결과지를 심각하게 보며 말했다.

"수치가 많이 낮아요. 헤모글로빈(적혈구)과 백혈구는
정상수치의 반밖에 안되고 혈소판은… 조금만 더 늦었으면
내출혈로 쓰러졌을지도 몰라요."

듣고 있던 엄마가 물었다.

"병명은요?"

"골수 검사를 해봐야 알겠지만 백혈병이거나
재생불량성 빈혈이거나 골수이형성 증후군일 겁니다.
백혈구도 낮은 걸로 봐서는 백혈병은 아닌 거 같은데….
일단 골수 검사를 해 보죠."

나와 우리 가족은 할 말을 찾지 못했다.
뭐부터 물어봐야 할지 알 수가 있나.

얼거한 병명 중에 백혈병이 있는 걸 보면
조용히 지나가긴 글러먹은 것 같았다.

나는 집에서 요양하겠다며
기숙사를 나온 지 이틀 만에 환자가 되었다.
마스크를 끼고 숨만 쉬며 누워있다가
걸어 다닐 일이 생기면 꼭 휠체어를
타야 하는 환자.

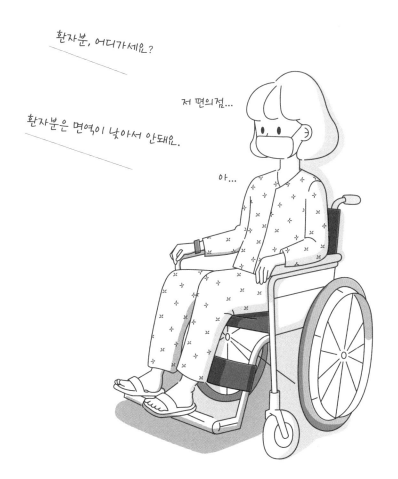

환자분, 어디가세요?

저 편의점...

환자분은 면역이 낮아서 안돼요.

아...

혈액 수치가 낮을 때
나타나는 증상

▶━ 헤모글로빈(적혈구)이 부족할 때

정상수치가 12~17인 헤모글로빈은 적혈구 안에 있는 것으로 몸 곳곳에 산소를 배달합니다. 수치가 낮으면 심장이 두근거리는 소리가 귀에 들릴만큼 크게 들리고 조금만 걸어도 숨이 차요. 어지럽거나 두통이 생기고 피부가 창백해지며 항상 피곤합니다.

▶━ 백혈구가 부족할 때

정상수치가 4천~1만인 백혈구는 나쁜 세균과 바이러스에 대항해 싸우는 고마운 혈구입니다. 수치가 낮으면 면역력 저하로 인해 각종 질병에 잘 걸리고 회복이 어려워요.

▶━ 혈소판이 부족할 때

정상수치가 13만~40만인 혈소판은 지혈을 담당합니다. 수치가 낮으면 쉽게 상처가 생기고 지혈이 잘 안됩니다. 코피, 심한 멍, 잇몸출혈, 하혈, 질 출혈, 자반증(점상출혈)이 나타나요.

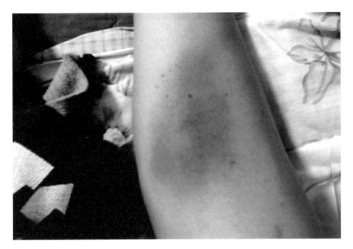

멍과 자반증이 나타났을 때입니다. 고춧가루같이 빨간 게 점상출혈인데
심해지면 얼굴에도 나타납니다. 일반적인 멍과는 조금 다르죠?

혈액 수치가 낮다는 건 생각보다 굉장히 위험한 일이에요. 변수가 너무 많기
때문이기도 하고 사이클이 좋지 않거든요. 지혈이 잘 되지 않으니 조금만 상
처가 나도 안 그래도 부족한 피를 자꾸 흘리게 되고, 상처가 잘 아물지 않아서
열려있는 데다가 백혈구 수치가 낮으니 쉽게 감염됩니다. 백혈병, 골수이형성
증후군, 혈소판 감소증도 위와 증상이 비슷합니다.

지옥의 골수 검사

만화로 보는 가시고기 책을 아시는가.
백혈병 환자 다움이의 투병생활과 아빠의 눈물나는
희생이 담긴 책인데 아마 모르는 사람이 없으리라.
초등학생 때 아파하는 다움이를 보며 교실 책장 앞에
쭈그리고 앉아 얼마나 울었는지 모른다.

나는 곧 다움이가 받았던 그 골수 검사를 하러 가야 했다.
이미 책으로 간접경험을 했으니 골수 검사 따위는
무섭지 않다며 검사실로 들어갔는데 마취하는
순간부터 식겁했다.

마취부터 아픈 건 반칙이잖아요….

나는 새우처럼 몸을 둥글게 말고 벽을 향해 누워있었고
의사 두 명이 번갈아가며 주삿바늘인지 뭔지 연필 굵기만 한
쇠를 엉덩이 바로 위에 있는 골반뼈에 쑤셔 박았다.

'조금' 뻐근할 거라더니 조금은 얼어 죽을,
허리가 그대로 끊어지는 줄 알았다. 의사들은 쇠를
박았다 빼기를 반복했고 나는 반동으로 몸이 들썩거릴
때마다 끅끅대며 짧은 비명을 질렀다. 뼈를 뚫고나면 쇠를
빼야 하는데 이놈의 쇠는 갈퀴라도 달렸는지 쉽게 빠지지 않고
덜그럭거리며 뼈 안쪽을 헤집었다. 차라리 드릴로 뚫었으면
했다. 구멍 두 개에서 수확이 없었는지 자꾸만 새로 뚫는데
내가 할 수 있는 건 턱이 뻐근하도록 이를 악물고
버티는 것뿐이었다.

…

한 시간 성노가 시났을까. 어느 순간 검사가 끝났다.
지혈을 위해 모래주머니를 허리에 대고
똑바로 눕자마자 통곡을 했다.

나는 왜 여기서 이러고 있어야 하나.
골수 검사는 원래 이렇게 힘든 건가.
이렇게 아프고 힘든 거면 국소마취가 아니라
수면마취를 해야 되는 거 아닌가.

밖에서 기다리던 가족들이 옆으로 와 내 상태를 살피는
줄도 모르고 꺽꺽 울기만 하다가 들것에 실려 병실로 옮겨졌다.
나중에 거울에 비춰 본 골반에는 꺼먼 피딱지 여섯 개가
줄지어 있었다. 뼈를 여섯 번이나 뚫었다는 말이었다.
젠장, 뼈로 피리를 만들 작정이었나. 뭘 이렇게 많이 뚫어놨어.

일주일 후 결과가 나오는 날. 의사가 비장하게 와서는
"도저히 확진을 못하겠으니 서울에 있는 병원에 가셔야겠다"
고 했다. 말문이 딱 막혔다.

사람 뼈를 관악기로 만들어놓고 확진을 못하면 어떡해요….
그것보다 지방 병원에서 제대로 확진도 못할 만큼
이게 복잡하고 큰 병이라는 사실이 나를 더 심란하게
만들었다. 의사가 모르겠다는데 뭐 어쩌겠는가.
엄마와 나는 골수 슬라이드를 받아 바로
서울로 올라갈 수밖에.

내가 중증
희귀난치병이라니

投병은 기다림의 연속이라는 걸
이때부터라도 알았어야 했다.

서울의 병원은 내가 진료를 보고 싶을 때 볼 수 있는 게
아니었는데 골수 검사를 하기까지 일주일이 넘게 걸렸다.
골반에 난 여섯 개 구멍이 채 아물기도 전에 새 구멍을
내야 한다니 셀프로 골다공증을 만드는 느낌이었다.
뼈에 구멍을 이렇게 많이 내도 되는 건가?

다행히 서울에서 처음 받은 골수 검사는
믿기지 않을 만큼 수월했다.

구멍 하나 뚫고 10분 만에 검사가 끝났으며
심지어 회복실까지 내 발로 걸어서 이동했다.

전라도에서 온 옆 침대 아저씨와
"이 정도면 매일이라도 검사 받겠다" 며 열변을 토했다.
아저씨는 이전 병원에서 4시간동안 골수 검사를 하며
중간중간 혼절했던 이야기를 손짓 발짓을 섞어 말해주었다.

지혈이 끝나고 진료실에 갈 시간이 되었다.
제발 별일 아니길 바라며 문을 열고 들어갔는데
의사는 엄마와 내게 눈길 한 번 주지 않고 모니터만
쳐다보면서 대뜸 한 마디를 던졌다.

"재생불량성 빈혈이네."

문 열며 들이마신 숨을 다 뱉기도 전에 난데없이 확진을
받았다. 귀에서 심장 소리가 울렸다. 아니, 정확히는
의사의 말이 들리지 않았다.

아, 내 인생….

그렇게 아니길 빌었는데
듣도 보도 못한 희귀난치병 환자가 되다니.
경증도 아니고 중증이며 무균실에서 면역치료를
받아야 하고… 어쩌고저쩌고.

분명 뭐라 말하고 있는데 잘 들리지도 않고
무슨 말인지도 모르겠다. 중증이 뭐야. 보험광고에서나
듣던 말이잖아. 우선 무균실이 비는 대로 입원하기로 하고
다시 제주로 내려왔다. 골수 검사 직후에 걸어 다니는 건
누가 옆에서 따라다니며 송곳으로 푹푹 쑤시는 느낌이었다.

택시를 타고 집에 가는 길. 차 안은 정적이 흘렀다.
창밖을 보다가 문득 고개를 돌려 엄마를 쳐다봤는데
엄마가 손으로 머리를 감싸 쥐고 곧 무너질듯한
표정으로 멍하게 있었다.

처음 보는 엄마 모습에 순간 눈이 커졌다.
이걸 모른 척해야 하나, 무슨 말이라도 해줘야 하나….
낯간지러운 말을 못 하는 나는 조용히 엄마 손을
잡아줄 수밖에 없었다.

나는 조용히
엄마 손을
잡아줄 수밖에
없었다.

재생불량성 빈혈이란

평화로운 골수 마을에 조혈세포와 지방세포가
살고 있었어요.

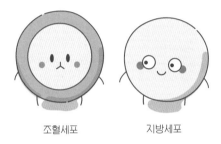

조혈세포   지방세포

두 세포는 매일 혈액공장에서 건강한 혈구를 만들었어
요. 산소를 운반하는 적혈구와 세균과 싸우는 백혈구, 지
혈담 당인 혈소판을 만들어 내보내고 있었답니다.

그러던 어느 날, 조혈세포가 이유없이 아프기 시작했어요.

지방세포는 걱정했어요. 혈구를 만들지 못하면 큰 일이 나거든요.

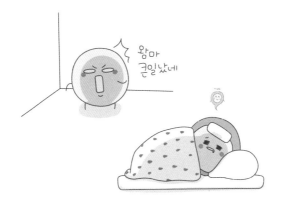

조혈세포가 출근을 못하게 되자 어쩔 수 없이 지방세포 혼자 혈구를
만드는데 너무 힘이 드는거예요.

도저히 혼자 할 수 없었던 지방세포는 친구 지방이에게 도와 달라고
연락했어요.

친구 지방이
도와줘
살려줘
누구세요
ㅜㅜㅜㅜㅜㅜㅜㅜ
제발...

친구와 힘을 합쳤더니 똑같지는 않아도 얼추 비슷한 혈구를
만들 수 있었어요!

지방세포는 비슷하게 생긴 혈구들을 서둘러 밖으로 내보냈어요.

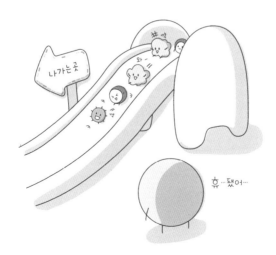

그런데, 이상한 일이 벌어졌어요. 산소를 배달하는 적혈구가 퐁!
사라지고

세균과 싸우던 백혈구도, 상처를 지혈하던 혈소판도 하나둘씩 퐁퐁!
사라져버리는 거예요!

지방세포는 깨달았어요. 지방세포들끼리 만든 혈구는 왼건하시 못해서
오래 살 수가 없다는 것을요.

조혈세포가 하루 빨리 출근해야 해결 될 문제였지만 조혈이는 앓아
누운 뒤로 정신을 차리지 못했어요.

지방세포는 조혈세포가 빨리 낫길 바라며 완전하지 못한 혈구들이라도 매일 만들어서 밖으로 내보냈답니다.

재생 불량성 빈혈은 원인불명의 희귀난치병으로 다양한 원인에 의해 골수세포의 기능과 세포충실성이 감소하고 골수조직이 지방세포로 대체되면서 '적혈구, 백혈구, 혈소판 모두가 감소하는 범혈구 감소증'이 나타나 조혈기능에 장애가 생기는 것을 말합니다.

사전적 정의로는 와 닿지 않아 삽화로 이해를 돕고자 했지만 그림처럼 단순한 문제는 아니라는 것을 꼭 말씀드리고 싶습니다.

외면하고 싶은 것들

확진을 받고 난 후 멍청히 누워만 있었다.
별의별 생각이 들었다.

'병실이 언제 빌까….'
'아픈 사람들이 왜 그렇게 많은 걸까.'
'꼭 치료를 받아야 되나? 안 받으면 죽겠지.'
'죽는다면 언제쯤 죽을까? 사인은 뭐지?'
'혈소판이 없어서 죽는 게 빠를까,
 적혈구가 없어서 죽는 게 빠를까?'
'아마 내출혈이 먼저 오지 않을까?'
'적혈구는 서서히 떨어지니까 한 달은 살 수 있을 거야.'

쓸데없고 무의미했지만 가만히 누워있으면
이런 생각밖에 들지 않았다. 남의 일처럼
덤덤했고 눈물도 나오지 않았다.

괴로운 건 단 한 가지, 주변 사람들 모두가 바쁘게 사는 게
눈에 들어온다는 것이었다. 그들을 지켜보는 건 어릴 때
달리기 시합을 하다 나 혼자 넘어지던 순간을 떠올리게 했다.

내가 철퍼덕 누워있는 땅을 박차며 힘차게 달리는 친구들.
부옇게 날리는 흙먼지 사이로 그들의 뒷모습을 눈으로 좇는 나.
긁히고 깨진 팔다리에서 아릿한 통증이 올라올 즈음에야
상황 파악이 되던, 실의와 무력감이 밀려오던 그 순간.

병명을 알고 나서도 병에 대해 제대로 알아볼 생각조차 하지
않았다. 가족들이 하루 종일 정보를 모아보겠다며 휴대폰과
컴퓨터를 붙들고 있을 때 나는 그저 귀를 닫고 멍하니
누워있을 뿐이었다.

알고 싶지 않았다. 안다고 바뀌는 것도 없으니까.
그렇게 시간을 보내던 어느 날, 한번은 불현듯 근본 없는
용기가 솟는 바람에 잠깐 검색해봤다가
완전히 무너지고 말았다.

면역치료라는 약물치료와 약 부작용, 입대 이상,
골수이식과 그 위험성…. 괜히 찾아봤다고 생각하며
휴대폰을 신경질적으로 던져버렸다. 베개에 얼굴을 묻자마자
눈물이 꾸역꾸역 터져 나왔다. 고작 이 정도 사실만으로도
이미 투병에서 진 기분이었다.

'희귀난치병? 내가 왜 이 나이에 갑자기 희귀병에 걸린 거지?
뭘 잘못한 걸까? 전생에 무슨 죄라도 지었나?
아니면 그냥 재수가 없었나?

도대체 내가 왜 아파야 해…?'

아무도 대답해줄 수 없는 의문들.
끊임없는 물음이 비수가 되어 돌아와
나를 갈가리 찢어놓았다.

어쩌지.
내 인생 어쩌지.

실낱처럼
하잘것없는

갑작스럽게 큰 병에 걸리면 몸에 좋다는 건 죄다
찾아먹기 시작한다. 나도 예외는 아니었다.

부모님은 밤새 인터넷을 찾아보고 주변에 물어 혈액에
좋다는 오만 것들을 내게 먹였다. 아빠는 새벽마다 바다로
나가 낙지를 잡아왔고 엄마는 갖가지 과일을 사골 우리듯
종일 끓여냈다. 나는 눈 뜨자마자 선지를 가득 넣고 낙지를
덩어리째 토핑한 해장국을 먹어야 했고 식후에는 한약을,
간식으로는 과일탕을 수시로 먹었다. 수치가 오르락내리락할
때마다 이게 효과가 있네, 없네를 반복했다.
실낱같은 희망이란 게 이런 건가.

자연치유를 바랐다. 힘들고 고통스러운 시료 대신
몸에 좋은 것들을 꾸준히 먹으면 좋아지리라 기대했다.
하지만 목숨을 담보로 버티는 동안 중증에서 초중증으로
악화되고 말았다. 모든 수치가 최저를 갱신하는 바람에
언제 어떻게 죽어도 이상하지 않은 상태로
그렇게 3개월을 살았다.

혈액 수치를 보러 병원에 가던 날,
차창밖으로 대학생들이 삼삼오오 모여 까르르 웃으며
지나가는 걸 보았다. 엄마는 반짝반짝 빛나는 병아리 같은
신입생들을 창밖으로 한참 보다가 말했다.

"우리 수연이도 얼마 전까지 저랬는데…."

왠지 그렇게 말할 것 같더라니. 예상하고 있었는데도
엄마의 말 한 마디에 울컥해 버렸다. 그 바람에 메어오는
목을 꾹 눌러 삼키며 대답했다.

"…응, 그러게."

그러는 사이 병원에 도착했다.
그날 헤모글로빈 수치가 4.5, 혈소판이 5천[1]이었는데

검사 결과를 보고 기가 차서 말도 안 나왔다.
학점도 아니고 4.5가 뭐냐, 궁시렁거리며 진료실에
들어가자 의사가 펄쩍 뛰며 말했다.

"수연아, 너 그 수치로 걸어 다니면 안 돼.
휠체어가 있는데 왜 걸어 다니는 거야.
그러다 머리 터지면 답도 없어. 이제 면역치료 받자.
너 이러다 6개월 안으로 죽어."

세상에,
내 수명이 고작 한 학기라니.

이쯤 되자 몸에 좋은 걸 먹으면서 자연치유를
기대하기엔 내 몸이 더 이상 버티기 힘든 수준이라는 걸
인정할 수밖에 없었다. 어쩌면 이미 알고 있었는지도
모르겠다.

아닌 걸 알면서도
마지막 희망이라고 붙들고 있었는지도.

---

1. 혈액 정상수치 : 헤모글로빈 12~17 / 백혈구 4천~1만 / 혈소판 13만~40만

내 몸은 투명인간 실험에 실패한 과학자처럼
온몸의 동맥, 정맥이 얽혀 있는 게 눈에 보였는데
샤워를 하고 나면 손금과 혈관이 구분되지 않을 정도였다.

조금만 더 투명해지면 감쪽같이 인체모형 행세를
할 수 있을 듯했다. 어느 초등학교 과학실에 멀뚱히
서있어도 아무도 모르겠지. 이렇게 투명해지다
사라질 순 없을까.

아, 나는 지금
살아가고 있는 걸까,
죽어가고 있는 걸까.
나도 모르겠다.

이게 뭐야...

면역치료

📟 면역치료란?

면역치료는 토끼 혹은 말 혈청[2]을 투여해 비정상적인 림프구를 억제하는 약물치료입니다. 5일 동안 혈청을 투여하고 일정 수치가 될 때까지 지켜본 후 퇴원하는데 병원에 따라 무균실에서 받기도 하고 일반 병실에서 받기도 합니다.

면역치료의 반응에는 개인차가 크고 사람에 따라 반응이 없을 수도 있어요. 그러면 이식을 준비하거나 수혈과 약으로 버티기도 합니다.

면역치료 중 부작용으로는 고열, 오한, 자반증, 설사, 피부발진, 거부반응으로 인한 두드러기, 근육통, 부종 등이 있습니다.

---

2. 혈액에서 유형 성분(혈병)과 섬유소원을 제거한 나머지. 이 성분에 면역과 관계가 있는 γ-글로불린이 있음.

직면하지 않고
해결되는 문제는 없다

문제를 직면한다고 해서 모두 해결되는 건 아니지만
직면하지 않고서 해결되는 문제는 없다고 한다. 나는 문제를
똑바로 쳐다볼 용기조차 없는데 어떡하지…. 앞으로 닥칠
상황을 내가 감당할 수 있을지 두려워 여태껏 외면해왔지만
이제는 어쩔 수 없이 부딪혀야 한다는 걸 온몸으로 느끼고
있었다. 전장에 등 떠밀려 나가는 기분이다.
내가 이 병과 함께 어디까지 가게 될까.

밤마다 부질없는 생각을 곱씹으며 잠든다.
이대로 가슴이 타들어가 내 존재마저
사라져버렸으면 좋겠다고.

퀘스트 :
신선한 피 세 통

병원을 옮겼다.
기본적으로 치료는 의료진과 병원 시스템을
신뢰하는 것부터 시작인데 다니던 곳의 진료 방식은
우리 가족과 나에게 맞지 않는다고 판단했기 때문이다.
병원을 옮기자마자 면역치료를 위해 입원 예약을 걸어두었다.

이렇게 수혈만 하며 버티다가는 6개월 안에 죽는다고 하니
별 수 있나. 울며 겨자 먹기로 면역치료를 받을 수밖에 없었다.
그나마 다행인 점이라면 이전 병원에서는 면역치료를 무균실에서
받아야 했는데 옮긴 병원은 일반 병실에서 받을 수 있었다.
심리적 장벽이 허물어지자 치료 받을 용기도 생겼다.

무균실은 왠지
이름부터 무섭잖아요….

병실이 언제 빌지 모르기에 늘 긴장 상태로 지낸지
열흘 즈음, 드디어 병원에서 자리가 났다고 연락이 왔다.
부랴부랴 짐을 챙겨서 공항으로 향했다.

궂은 날씨 탓에 비행기가 지연될 때마다 안도와 불안이
뒤섞였는데 이대로 비행기가 뜨지 않았으면 하는 마음 반,
얼른 입원을 해버리고 싶은 마음이 반이었다. 겨우 비행기에
올라 서울에 도착해서도 택시로 한 시간을 간 후에야
응급실을 통해 입원 절차를 밟을 수 있었다. 6인실 병실로
올라가 보니 나를 제외한 모두가 백혈병 환자였고 민머리였다.
혼자서만 새카만 내 머리카락이 민망했다.

늦은 시간에 어두운 복도를 돌아다니며 여러 가지
검사를 받고 돌아왔는데 간호사실 옆 처치실에서
정체불명의 비명소리가 쉼없이 들렸다. 옆 침대 이모에게
여쭤보니 얼마 전 골수이식을 받은 남자 환자인데
그 후로 헛것이 보여 밤낮없이 저런다고 했다.

나는 이식은커녕 면역치료도 받기 전인데
짐승 울음소리 같은 비명을 듣고 있자니 심란해서 도무지
잠을 잘 수가 없었다. 아저씨는 울부짖다가 갑자기 욕을 했고
어린애처럼 엉엉 울다가 갑자기 조용해지곤 했다. 그때마다
세상이 가라앉은 듯한 고요가 찾아왔다. 나는 아저씨의
상태를 실시간으로 들으며 지금이라도 병원에서 도망쳐야
되는지 진지하게 고민하다가 새벽녘에야 잠들었다.

다음 날부터 바로 면역치료가 시작됐다.
토끼 혈청이 들어가자 열이 40도까지 끓었는데
말 그대로 세상이 노래졌다. 왼팔엔 온갖 주사가 주렁주렁
달려 거치적거렸고 고열에 오한, 두통까지 오는 바람에
제정신이 아니었다. 열이 38도가 넘으니 세균배양을
담당하는 간호사가 왔다.

"안녕하세요~ 환자분 열이 많이 난다고 해서 왔어요.
저는 세균배양 담당이고요. 고열의 원인이 단순 고열인지
감염성인지 알아보기 위해 채혈을 할 거예요~"

간호사는 정신 못 차리는 나를 보며 눈높이 교육하듯
차근차근 말해주었다.

"네… (대답할 기운도 없음) 뽑아가세요….."

"이 채혈은 각각 다른 부위 세 군데에서 뽑아야 해서
 좀 번거로우실 거예요~"

"네, 네…."

말 끝나기가 무섭게 팔을 묶고 채혈을 시도했지만
피가 나오지 않았다. 간호사는 침착하게 바늘을 뒤로
뺐다가 다른 각도로 쑤셔 넣었다. 그렇게 혈관을 세 번쯤
뒤적이자 겨우 한 통이 나왔는데 그나마 나머지 팔다리는
아무리 때려도 혈관이 불거지지 않았다.

내 피가 이렇게 귀했나. 찔러도 피 한 방울 안 나올
인간이라는 말은 날 두고 하는 소리인가 보다. 간호사는
내 팔다리를 쳐다보다가 결심한 듯 말했다.

"환자분. 팔이랑 다리에서 채혈이 안 되니까 동맥채혈 할게요."

"…네? 동맥채혈이요?"

"네~ 좀 무섭죠? 하하. 빨리 끝내드릴게요."

신속하게 동맥을 끊어주겠다는 소린가.

"…그거 마취해야 되는 거 아니에요? 동맥은 여기…
(손목을 가리키며) 여긴데…."

동맥에 바로 주사 바늘을 꽂을 수가 있나.
동맥은 삶을 포기할 때나 건드려보는 거 아니었나.
간호사는 충격으로 어버버 하는 내게 한번 웃어주었다.

잠시 후,
두꺼운 바늘이 손목을 이리저리 쑤시고 있는 광경은
보면서도 믿을 수 없었다. 동맥을 저렇게 찔러대도
되는 거구나….

생소한 부위에 바늘을 쑤셔 넣는 것 자체로도 공포였는데
더 무서운 건 동맥에서도 피가 뽑히지 않는다는 것이었다.
여기서도 피가 안 나오면 다음은 어디지.
설마하니 목에서 뽑거나 하진 않겠지.

팔, 다리, 동맥에서도 채혈이 되지 않자 급기야
처음 보는 의사까지 등장했다. 간호사가 난처한 듯이
"피가 하나도 안 나와요, 어쩌죠?"라고 말했다.
이들의 표정을 보고 있으니 내가 외계인이라도 된

기분이었다. 의사는 시커멓게 구멍이 뚫린 내 손목과
벌게진 얼굴을 번갈아 보더니 환자가 많이 힘들어 보인다며
팔에서 한 번 더 뽑고 끝내자고 했다. 그렇게 해도
세균배양이 잘 될지 의문이긴 했지만 목이나 이마에서
채혈을 안 해도 된다니 그저 반가웠다.

한 시간이 넘는 채혈이 끝나고 지쳐 잠들었다.
다 잘 될 거라고 마음 굳게 먹고 왔는데
젠장, 너무 힘들잖아. 이 짓을 닷새나 더 해야 한다니….

새벽에 채혈하러 온 간호사가 말하길 혈청 맞고
대소변을 못 가릴 정도로 힘들어하는 사람도 있다며
이 정도면 상태가 양호한 편이라고 했다.

조금 위안이 됐다.

그 대소변도 못 가리는 사람이
7개월 후의 내가 될 줄은
몰랐지만.

깨달은 사실 : 마취 없이도 동맥을 건드릴 수 있다.

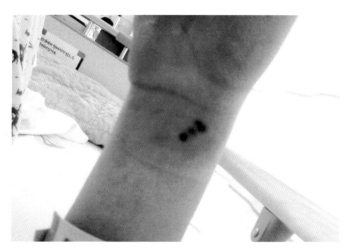

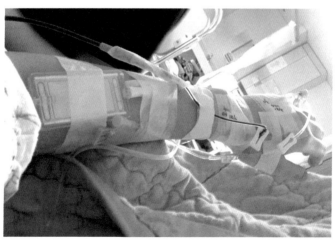

토끼가 지나간 자리

새벽 내내 일관성 있게 39도를 유지하는 바람에
살이 주황색으로 익어버리고 열꽃이 폈다. 주황색 피부에
빨간 반점까지 다닥다닥 올라오니 딱 얻어맞은 당근 꼴이었다.
사람 몸이 어쩜 이렇게 빠르게 변할 수 있는 걸까.
자는 동안 내 모습을 초고속 카메라로 찍었으면
꽤 흥미로운 영상이 됐을 거라 생각했다.

토끼 혈청이 들어간 후로 진통제의 향연이었다.
팔다리가 접히는 부분이며 손가락끼리 닿는 면이
빨갛게 달아올라 따가웠고 하루 종일 두통에 시달렸다.

시끈거리는 머리통을 잡고 화장실에 가 소변을 봤더니
색이 붉은 게 아닌가. 심장이 쿵 떨어졌다.
이게 말로만 듣던 혈뇨인가!

이걸 현장 보존한 채로 간호사를 불러야 되는 걸까?
아니, 호출벨을 누를까? 너무 야단법석인가.
병동 사람들! 제 오줌색 좀 보세요! 하고 외치는 꼴인가?
엄마를 부를까, 사진을 찍을까? 휴대폰을 안 들고 오기도
했지만 애초에 내 오줌 따윈 찍고 싶지 않은데….
어쩌지?

변기 앞에 서서 한참을 고민한 뒤 호출벨은 아니라는
결론을 내렸다. 혈뇨라면 나중에도 색이 저럴 테니 일단
나가서 간호사한테 말을 하자. 최선의 방법이라며 흐뭇하게
화장실을 나와, 한참 뒤에 간호사가 약을 가지고 오자마자
호들갑을 떨며 보고를 시작했다.

"선생님, 저 아까 화장실 다녀왔는데
 소변 색이 이상했어요!"

"진짜요? 색이 어땠어요?"

"어, 마치… 떠오르는 태양?"

"되게 빨갰어요?
 배가 아프거나 소변볼 때 아프진 않았어요?"

"네, 아프진 않았고 빨갛다기보다 다홍색 같았어요."

"탈수 증상으로 그럴 수 있어요. 일단 물 많이 마셔 봐요."

아, 그럴 수도 있구나.
마음의 평화를 되찾고 물을 벌컥벌컥 마신 덕에
소변 색은 점점 연해졌다. 호출벨 안 누르길 다행이라
생각했다. 나는 꽤 무덤덤한 편인데 이렇게 작은 일로
호들갑 떨고 걱정하다니,

나도 아픈 게 무섭긴 한가보다.

오늘의 수치

옆 병실 또래 남자애 두 명이 아이스크림을 쭉쭉 빨며
지나가는 걸 목격했다. 세상에, 아이스크림이라니!
몸이 좀 살만해졌는지 나도 시원한 아이스크림이 먹고
싶었다. 혈청 투여 마지막 날이라 아직 혈액 수치가
겸손했는데 호중구[3] 수치가 300이 넘었길래
간호사를 붙잡고 물었다.

"선생님, 저 아이스크림 먹어도 돼요?"

"오늘 호중구 300 넘었나? 어… 넘었네!
봉지 포장된 거 말고 통에 든 건 먹어도 돼요~"

통에 든 거라면! 필시 비싼 아이스크림이렷다!
아이스크림을 먹을 수 있다는 생각에 깨춤을 추며
엄마한테 부탁했더니 녹차맛과 초코맛 두 통을 사주셨다.
작은 아이스크림 두 통에 이렇게 행복할 줄이야.

호중구는 백혈구의 주성분이기 때문에 호중구가 높다는 건
백혈구도 높다는 뜻이어서 오늘 같이 통 아이스크림이라도
먹을 수 있는 날은 내 몸이 기특할 정도로 특별한 날인 것이다.
소중하게 조금씩 떠 먹으며 네다섯 가지 맛을 큰 통에 담아
다리 사이에 끼고 퍼 먹던 때를 떠올렸다. 그때가 좋았지.

아이스크림도 허락받고 먹을 줄
누가 알았겠어.

수치가 하루의 기분을 좌우한다.
수치에 따른 허용 음식을 정리해둔 표가 있을 만큼
입으로 들어가는 모든 것들이 호중구 수치에 달려있기
때문이다. 매일 아침 수치와 표를 비교하며
'이건 먹어도 되네, 안되네' 로 희비가 엇갈렸다.

---

3. 백혈구의 주성분. 면역에 주요한 역할을 함.

아주 작은 차이로 식사도 저균식과 일반식으로 달라진다.
수치가 낮으면 저균식, 조금 높으면 일반식인데 둘 다
맛이 없기는 마찬가지지만 그래도 일반식이 조금 더 낫다.
물론 그 때는 멸균식이라는 끝판왕이 있을 줄은
몰랐지만 말이다.

병은 마치 나비효과처럼
내 삶을 구성하는 모든 것에
제동을 걸어왔다.

백혈구가 낮다는 건 면역체계가 엉망이라는 뜻이고
그 말은 먹는 것뿐만 아니라 입는 것, 만지는 것,
자리한 공간, 숨쉬는 곳의 공기마저 신경을 써야 한다는
말이었다.

마음 편하게 뭘 먹을 수도, 만질 수도,
누구를 만날 수도, 마스크를 뺀 상태로
숨을 쉴 수도 없어서 결국
방에 처박혀 있는 게 최선이라는 걸
느끼게 된다.

나를 지키는 방법은
아이러니하게도
나를 가두는 것이었다.

주스+전해질=?

전해질[4] 수치가 낮아서 하루가 멀다 하고 전해질을 처방 받는다.
전해질은 큰 안약처럼 생겼는데 주둥이를 까서 오렌지주스에
쪼록쪼록 떨어뜨려 마셔야 한다. 왜 굳이 다른 음료에 섞어
먹어야 하는지 궁금했는데 입안에 주스가 들어오는 순간
깨달았다. 녹인 비누를 들이키는 것처럼 정말 더럽게 맛없다.
세상에 이 따위로 맛없는 게 존재할 수 있다니…. 전해질
먹기를 너무 싫어하자 급기야 엄마가 딜을 시도했다.

"이거 먹고 있으면 엄마가 아이스크림 사 올게~"
 엄마도 참. 내가 앤가?

"…그럼 초코맛으로."

하늘정원

틈만 나면 복도를 나다니는 게 취미가 되었다.
그래봤자 내 영역은 혈액질환 병동을 지나 바로 옆
정형외과로 추정되는 병동 복도까지가 전부였지만.

정작 볼 일이 많은 각종 편의시설은 전부 지하에
있었는데 나는 면역이 낮아서 사람이 많은 곳은 절대적으로
피해야 했으므로 갈 수 없었다.

---

4. 나트륨, 마그네슘, 칼슘 등 물에 녹아 전하를 띠는 물질

자리에 좀 붙어있으라는 간호사의 걱정 어린 잔소리에도
굴하지 않고 항상 복도를 서성인 건 하늘정원 때문이었다.
꽃과 풀이 있고 탁 트인 하늘을 볼 수 있는,
나에게 가장 가까운 바깥.

매일같이 하늘정원으로 출근했지만
자동문 버튼 한번 눌러볼 용기가 없었다. 얇은 환자복
차림으로 갑자기 차가운 공기를 맞으면 감기라도
걸릴까 봐, 감기가 폐렴이 되고 손쓸 새도 없이 패혈증[5]이
되어 날 죽음에 이르게 할까 봐 두려워 멀찍이 서서
보기만 했다.

사람들이 하늘정원을 오갈 때 따라 나가볼까 몇 번이나
생각했지만 결국 그러지 못했다. 누가 패혈증으로 죽었다는
얘기를 너무 많이 들어버린 탓이었다. 자동문과 꽤 자주
대치를 벌이곤 했는데 나갈까 말까 고민하는 것만으로도
내게는 설레는 일이었다. 작정하고 한 번이라도
나가봤다면 과연 만족했을까.

---

5. 체내로 침입한 균에 의한 중증 감염

정원을 바라보다가 복도를 걷다가, 다시 하염없이
밖을 바라보는 일은 내 하루 일과였다. 나는 복도에 서서
환자복을 입은 사람들과 누군가의 보호자인 사람들이
바깥에 서 있는 모습을 내다보았다.

웃고 떠드는 사람, 걱정 가득한 얼굴로 저 먼 어딘가를
바라보는 사람, 누군가와 통화를 하는 사람….
저 사람들도 매일 하늘을 보며
얼른 이곳을 나갈 거라고 다짐할까?

생일빵인가요

오늘은 내 생일이다.

스페셜하게 병원에서 맞이하는 내 생일.
그 흔한 케이크도 못 먹는다. 젠장, 10대의 마지막 생일을
이렇게 처량하게 보내다니…. 내년 생일엔 케이크 두 판을
먹어치우리라 다짐하며 알약으로 바뀐 스테로이드를
집어삼켰다. 하루에 8알을 먹는데 차차 줄일 거란다.
다 좋으니 부작용만 없길 바랐다.

생일이라고 지인들에게 온갖 연락이 왔다.
그래요, 여러분. 저는 제 탄생일에 병원에 입원해 있답니다.

고맙게도 같이 전시를 끝낸 졸업 동기들이 면회를 와줬다.
환자복에 슬리퍼를 장착하고 폴대를 질질 끌며 나갔더니
병원 분위기에 숙연해져 있던 동기들이 의외로 팔팔한 나를
보고 환자 맞는지 재차 물었다. 이래 봬도 환자 맞습니다.

이런저런 얘기를 하고 나니 바깥세상과 소통한 기분이
들었다. 동기들은 얼른 퇴원하라며 지하 편의점에서 사 온
군것질거리를 한가득 내밀었다. 나는 그날 밤부터 벌어질 일은
상상도 못한 채 신나게 왕꿈틀이를 뜯어 먹다 잠들었다.

...

지인들과 즐거운 시간을 보낸 것이 그리 중죄였나. 밤부터
열이 나기 시작하더니 몸이 굳어갔다. 그리스 신화에서
월계수로 변해가던 다프네가 이런 느낌이었을까. 손끝, 발끝
부터 무겁고 둔해지더니 급기야 자리보전하게 되었다. 조금만
움직여도 근육이 쪼개지는 듯했는데 울면 얼굴 근육이 아파서
엉엉 울 수도 없었다.

머리부터 발끝까지 내 마음대로 움직이는 부분이 한 군데도
없었다. 누가 침대 난간을 턱턱 잡기만 해도 진동이 타고 올라와
온몸이 산산조각나는 것처럼 아픈데 이 와중에 수혈을 받아야

힘닫다. 왼쪽 손등에 꽂았던 라인을 오른쪽으로 옮겨야 한다는
말에 눈앞이 깜깜해졌다. 손가락을 나노 단위로 움직이기미
해도 본능이 더 움직이면 지옥을 맛보여 주겠다고 쩌렁쩌렁
외치는 것 같은데 수혈을 어떻게 받나요….

결국 최대한 빠르게 옮겨주겠다는 간호사의 말에 우물쭈물
손을 내밀었다. 울고불고 하는 사이에 라인을 옮겼는데
신경이 예민해지니 적혈구가 들어오는 것마저
고통스러웠다.

거동이 불편하니 원한다면 소변줄을 꽂아주겠다고
간호사가 말했지만 그건 죽어도 싫다고 거절하곤 울면서
화장실을 다녔다. 지금 생각해보면 그냥 소변줄 꽂지 뭐하러
굳이 생고생을 했나 싶지만 그때는 내 몸에 더 이상 뭔가를
넣고 싶지 않았던 것 같다. 숟가락을 쥐기는커녕 입조차
벌어지지 않아서 영양제만 종일 맞았다. 움직이지 않는
몸뚱이에 혼이 갇힌 기분이었다.

누워서 눈만 데굴데굴 굴리고 있으니 시간도 안 가고
더워 죽겠는데 얼음찜질을 할 수가 없으니 꽁꽁 묶인 채 솥에
올려진 것 같았다. 내 눈에 보이는 모든 간호사와 의사에게
진통제가 효과가 없다고 앵무새처럼 이야기하는데도

더 센 걸로 주질 않았다. 이 정도면 모르핀 같은 거라도
놔줘야 되는 거 아닌가. 바꿨는데 효과가 없는 건가,
아니면 이게 나에게 허락된 최대치의 약인가.

아아, 망할 토끼 혈청.

각자의 아픔

몸져누운지 닷새 정도 됐을까.
이제야 폴대 잡고 좀 걸어 다닌다. 가만히 서 있으면
다리가 바들바들 떨려 금세 주저앉긴 하지만 그래도 울면서
화장실에 다니진 않는다. 어느 정도 정신을 차리니
이제 아픈 게 서러워지기 시작했다. 집에 가고 싶어서
훌쩍거리니 옆 침대에 있는 백혈병인 이모가 말했다.

"수연아, 이모는 석 달째야…."

아, 눈물을 거둬야겠다.
그날부터 울고 싶을 때면 화장실 가서 문 걸어 잠그고 울었다.

전해질 안 먹는다고 엄마랑 싸운 날도 울었고
내가 왜 이러고 있어야 되는지 억울할 때도 울었고,
따뜻해지는 봄날이 미울 때도 울었다.

혈액질환 병동 화장실은 매우 쾌적해서 장시간 울기에
안성맞춤이었다. 벌게진 눈으로 돌아가면 십중팔구 저균식이
기다리고 있었는데 그게 꼴도 보기 싫어서 다시 화장실로
돌아가 울기도 했다. 아픈 것도 서러운데 밥까지 맛없다니,
으엉엉.

화장실에 감정을 욱여넣고 돌아오면 한결 나았다.
후들거리면서 자꾸만 바닥에 주저앉는 다리를 일으켜
세우며 울다보면 잠시 정신이 돌아오는데 그때마다
'내가 지금 뭐하고 있지?' 라거나 '아, 그만 울고 싶다'
라고 생각하며 운다. 눈물은 몸이 흘리고 정신은 그저
집에 가고 싶어했다.

힘들면 힘들다고 티 좀 내고 싶은데 병실에 있는 사람 모두
백혈병이라 그러지도 못했다. 이전 병원에서 의사가 내게
"너 혼자 재생불량성 빈혈이고 너 혼자 머리카락이 있으니
무균실에서 조용히 있다가 나와야 한다." 라고 면전에서
이야기했던 날부터 내 상황이 배부른 소리같이 느껴졌기

때문이다. 나 혼자 머리카락이 있다는 말이 틀린 말은
아니지만 생각할수록 기분이 나빴다. 조용히 있다가 나오라니,
내가 뭐 망나니처럼 병실을 뒤집어엎기라도 한단 말인가.

지금도 궁금하다.
재생불량성 빈혈은 백혈병과 달리 암세포가 없어서
덜 위험한 건 맞지만 그렇다고 내 골수가 정상인 건 아닌데.
걸어 다니는 게 신기할 정도로 심각한 수치인 걸
뻔히 알면서 백혈병과 비교하며 내 병을 후려친 이유는
도대체 뭐였을까?

누구에게도 각자의 아픔을
상대적으로 재단해서 축소시킬
권리는 없는데 말이다.

토끼야, 잘 하자

○

투박한 연질캡슐 사이폴은 제정신 아닌 면역을
가라앉히는 게 목적인 면역억제제다. 처음 복용하면
목구멍으로 화염방사를 지를 수 있을 것처럼 손과 발, 식도가
타들어가는데, 내가 투병하며 구토한 건 50%가 이놈 탓일
정도로 독한 약이다. 그래도 일주일만 지나면 적응해서
괜찮아진다.

사이폴을 먹고 나면 하루 종일 속에서 비릿한 냄새가
올라온다. 사이폴 특유의 냄샌데 숨을 쉴 때마다 느껴진다.
나만 그런 줄 알았는데 하루는 지난 번에 아이스크림 먹으며
지나갔던 옆 병실 남자애가 복도에서 하는 말을 들었다.

"이, 트림하면 사이폴 냄새나서 짜증 나."

그 뒤로 사이폴 냄새가 더 싫어졌다. 이 사이폴 때문에
자주 토했더니 식도가 헐어 밥알이 까슬까슬 굴러 위장에
안착하는 과정이 느껴질 정도였다. 이비인후과에 다녀오래서
휠체어 타고 갔더니 내시경을 이대로 위장에 꽂아 넣는 게
아닐까 싶을 만큼 깊게 넣었다. 모니터로 뻘겋게 퉁퉁 부어오른
식도를 확인했는데 시간이 해결해줄 거라며 그냥 가라고 했다.
현자가 할 법한 소리를 이비인후과에서 들을 줄이야.
머쓱해진 나는 산책 나온 셈치고 다시 병실로 돌아갔다.

어느덧 입원 18일째. 평소처럼 사이폴 먹고 속이 안 좋아
빌빌거리고 있는데 회진 돌던 교수님이 언제 퇴원하고 싶냐고
물어보셨다.

"빨리요!"

"그래? 그럼 내일 퇴원하자."

"네?"

그렇게 갑작스럽게 퇴원하게 되었다. 소풍 가는 초등학생처럼
설레어 잠도 못 자고 새벽 4시부터 주섬주섬 짐을 쌌다.

아침이 되어 혈소판을 수혈 받고 있는데 간호사가
내 이름을 부르며 양손 가득 뭔가를 들고 들어왔다. 약이었다.
구토 방지제, 위 보호제, 피임약[6], 진균제, 사이폴 큰 것과
작은 것, 완화제, 스테로이드 등 산더미 같은 약을
퇴원 선물처럼 받고 나왔다. 사이폴 때문에 자꾸 헛구역질이
올라와 비행기 타고 제주까지 오는 길이 조금 힘들었다.

오랜만에 아빠와 동생을 만나 집으로 오자마자 따뜻한 물에
목욕을 하고 내 방으로 올라가 쉬었다. 병실은 너무 더운 데다가
다인실이라 신경이 많이 쓰였는데 역시 집이 최고라는 걸
다시 느끼는 순간이었다. 아… 다시 돌아가고 싶지 않은 병원.

토끼 혈청으로 골수를 놀래켰으니 앞으로 6개월에서
1년 동안 추이를 지켜보아야 했다. 제발 효과가 있기를.
무서운 골수이식은 하고 싶지 않으니 제발 혈액 수치가
올라주길 바랐다. 정상수치는 언감생심 바라지도 않고
딱 일상생활하며 살 수 있을 정도만. 그 정도만 되어도
나는 그럭저럭 무리하지 않고 살아갈 수 있을 텐데.

---

6. 출혈을 최소화하기 위해 생리를 멈추는 목적으로 피임약을 장기간 복용함

2 장

힘, 그거
안 내면
안될까요?

: 여전히 가만히
  있다가도 감정이
  북받치지만

  나중엔 이 과정이
  마냥 지옥 같지만은
  않았다는 걸
  느낄 거야

모르는 척 좀
해주세요

퇴원하고 일주일이나 지났건만

여전히 사이폴은 독하고 여전히 아침이 제일 힘들다.

사이폴 먹고 나서 30분쯤 지나 속이 울렁거리면 화장실 앞에

쪼그려 앉아 있다가 죄다 게워내는 게 나의 아침 일상이다.

망할 인체구조는 눈코입이 연결되어있어 내가 코로 토하는지

입으로 토하는지 알 수가 없다.

지옥의 골수 검사를 선보인 종합병원에서 외래를 보는 날

이었다. 4주째 식도가 아물 생각을 하지 않아서 이비인후과에

갔더니 의사는 내가 의자에 앉자마자 가늘고 긴 호스를

코에 넣고 목까지 내려보냈다.

혹시 내시경의 목적지를 위장으로 착각하고 있는 게 아닐까.
내가 내비게이션이었다면 경로를 이탈했다고 너덧 번은
말했을 텐데. 고통의 신세계를 보여준 의사는 모니터를 한참
동안 쳐다보다가 호스를 쭉 빼냈다. 동시에 눈물이 줄줄 흘렸다.
완치되면 이비인후과 따윈 평생 안 오고 싶다고 생각했다.

"제가 재생불량성 빈혈 중증인데요, 면역치료 후
사이폴 복용 중이라 잦은 구토로 식도가 다쳤는데
혈소판이 낮아서 목에서 피까지 납니다!"라고
브리핑을 했더니 의사가 물었다.

"혈소판이 낮아요? 몇인데요?"

"9천이요."

"네? 9천이요? 9만을 잘못 말한 거 아니에요?"

"9천 맞아요."

의사는 납득할 수 없다는 표정으로 컴퓨터로 뭔가를
찾아보더니 "진짜 9천이네." 하고 중얼거렸다.
제일 낮을 때는 5천이었다고 하자 나를 신기하게
쳐다보며 물었다.

"이 수치로 걸어 다녀도 돼요?"

"네, 걸어왔는데요."

이렇게 낮은 혈액 수치는 처음 본다고 연신 놀라워하는
의사를 물끄러미 쳐다보았다. 어찌나 신기해하는지
사인이라도 해 드리고 싶었다.

"약은 처방해주시나요?"

"후두에 염증이 생겼는데 혈소판에 영향을
줄 수가 있어서 약은 안돼요."

진료를 받았는데 왜 약을 타질 못하니….
나는 무얼 위해 내시경을 목구멍까지 집어넣었을까
생각하며 터덜터덜 혈액내과로 향했다. 오랜만에 갔더니
날 보는 모든 간호사와 의사가 약속이라도 한 듯이
"스테로이드 먹어서 얼굴이 좀 부었구나?"라고 했다.

아니 스테로이드 때문에 부었든
잦은 구토로 침샘이 부었든
좀 모른 척해주면 안 되나요.
거 참 너무들 하시네.

약 먹느라 하루가 다 간다.
기상 직후부터 식전, 식직후, 식후 그리고 취침 전까지
약을 먹는데 정말 철저하게 약에 지배된 삶이다.
이러다 나중에 죽어서도 썩지 않을 것 같다.

언제쯤이면 약을 안 먹는 날이 올까?
그런 날이 오겠지?

낮이 없었으면

온몸이 언제 터질지 모르는 폭탄이나 마찬가지인 나에게
힘들다고 하소연하는 사람들이 있다.

나한테 스테로이드 먹어서 얼굴이 부었다고 한 사람들보다
몇 배는 더 무신경하지 않은가. 나는 힘들 때 술이라도 마실 수
있는 당신들이 너무 부럽다. 나도 차라리 진탕 마시고 취해서
잠시라도 고통에서 무뎌질 수 있었으면 좋겠다.

맨정신으로 보내기엔 하루가 너무 길고 끔찍해서
견딜 수가 없다. 하다못해 늦잠이라도 자고 싶은데
아침 약 때문에 억지로라도 눈을 떠야 하는

이 현실이 몸서리치게 싫다.

하루는 길고 시간은 안 가고, 할 일은 없고,
공허한 시간을 어떻게 보내야 좋을 지도 몰라서 늘
안절부절 못했다. 사실 뭔가를 한다고 한들 손에 잡히지도
않을 게 뻔했지만. 낮이 없었으면 좋겠다고 생각했다.
하루가 6시간 정도면 딱 좋을 텐데.

왜 힘든 건
무뎌지질 않는지

왜 겪어도 겪어도
처음처럼 힘든지

누가 좀 알려줬으면
좋겠다

털털하시네요

약 부작용으로 외모가 변하는 건 생각보다 훨씬 억울한
일이었다. 사이폴을 먹은 지 한 달 반 만에 남들 다 온다는
부작용이 드디어 하나둘씩 나타나기 시작했다.

대표적인 부작용으로는 다모증이 있는데 이름값을 한다.
분명 털이 많이 나서 다모증일 텐데 어찌된 일인지 자라는
속도도 빨라서 아침에 제모를 해도 잡초처럼 쑥쑥 자라
저녁 즈음엔 털이 나 있는 것이다.

제모를 하지 않고 가만히 두면 어떤 꼴이 될지
무서울 정도였다.

팔다리는 물론이고 얼굴 전체에 솜털이 자라고
진해지는데 언젠가 누가 내 귀를 보며 신기하다는 듯
"와, 너 귀에도 털이 있네?" 라고 하는 것이다.
아, 그 허탈하고도 속상한 기분이란.

티 많이 나나?

"인간은 모두 털이 있단다.
다만 솜털이라 눈에 띄지 않을
뿐이지. 나는 약 부작용으로
털이 조금 진해졌을 뿐이야."

라고 구구절절 해명할 순 없지 않은가.
그나마 좋은 점을 꼽자면 머리숱이 풍성해지고
눈썹이 진해지며 속눈썹이 인형처럼 길어진다
는 것 정도. 매일 성실하게 퇴화한다는 느낌을
지울 수가 없었다.

자라는 건 딘뿐만이 아니었다.
잇몸이 조금씩 자라며 붓는 바람에 입을 다물고 있으면
입술 안쪽으로 잇몸이 볼록 튀어나온 게 느껴졌다.
심하면 잇몸을 자르기도 한다던데 다행히 그 정도까지는
아니었지만 잇몸이 항상 부어있으니 작은 충격에도 피가 났다.

입에서는 늘 떫고 쌉싸름한 철 맛이 도는 게
음식을 먹을 때는 피를 뿌려 먹는 느낌이었고,
양치할 때는 연신 시뻘건 거품을 뱉었다.

잇몸 출혈도 출혈이라고 그게 너무 아까웠지만
그나마 나오는 피를 내가 다 먹고 있다는
사실을 위안 삼았다.

아까워라.
피 같은 나의 피.

긴 하루

매일 똑같은 하루가 잠시 나에게 들렀다 간다.
특별할 것 없는 일상의 반복인데 그 하루는 늘 다르다.
어쩜 이렇게 다양하게 재미없을까.

긴 하루가 끝나갈 즈음에는 여러 가지 감정이 뒤섞였다.
나 오늘도 너무 고생했다는 마음과 내일도 같은 하루를
보내야 한다는 막막함, 어쩌면 내일은 뭔가 다르지 않을까
하는 소망에 가까운 기대까지.

막막함과 옅은 희망을
온몸으로 끌어안고 가라앉는 밤.

엑스자이드 :
고통의 서막

백혈구와 호중구만 신났다. 혈소판은 동결된 등록금 마냥
한 달째 같은 수치를 유지하는데 적혈구만 혼자 뚝뚝 떨어지고
있었다. 적혈구씨는 그렇게 눈치가 없어서 사회생활하기
힘들겠어요.

수혈을 많이 받아서 철분이 정상수치를 가볍게 뛰어넘었다.
철 과잉증일 때 생기는 부작용[7]이 많아서 철분 빼는 약을
먹어야 하는데 그 약 일주일치가 40만 원이란다.
미쳤다. 약에 도금이라도 되어있는 건가. 병원에서는
내가 중증 희귀난치질환이라 10%만 내도 된다고 했다.
중증이어서 다행이라고 생각한 건 처음이었다.

다음 날. 아침 7시 반에 알람이 울렸다. 왜 이 시간에
알람이 울리나 생각하며 끄고 다시 자려는데 순간
'철분 빼는 약' 엑스자이드가 뇌리를 스쳤다. 아, 약 먹어야
하는구나. 식전 약이라 알람 맞춰둔 걸 그새 까먹었다.

설명서대로 오렌지주스 200ml에 엑스자이드 네 알을
퐁당퐁당 넣었다. 넣자마자 눈 녹듯이 녹을 줄 알았는데
생각과는 달리 굳건히 제 모양을 유지하고 있었다. 기대한
내가 바보지. 빨대를 꺼내 휘적휘적 저었다.

3분… 5분… 10분…. 이거 녹여 먹는 게 아닌 거 같은데.
불굴의 의지로 계속 휘저으니 약이 부서지기 시작했다.
녹는 게 아니라 부서지는 거였어! 누가 녹는다고 했냐!
궁시렁거리며 약을 다 부수고 나니 주스가 뿌연 주황색이
되었다. 무슨 맛일까 궁금한 마음 반, 두려운 마음 반으로
빨대를 쭉 빨았더니 의외로 무향, 무맛이었다.

그리고 나는 그날부터
삶에 대한 의지를 완전히 상실했다.

---

7. 간 비대증, 심장 손상, 내분비계 손상, 감염, 관절병, 당뇨 등

인생이 적성에
안 맞는 거 같아

엑스자이드를 먹고 난 후부터 미래와 죽음을 같이 생각한다.
바보 같다는 걸 알면서도 어쩔 수 없었다. 자다 일어나
엑스자이드를 부숴 넣은 주스를 마시고 나면 그 자리에서
바로 구역질이 올라오는데 토하면 안 된다.

철분이 대소변으로 같이 빠지려면 약이 소화가 되어야 하기
때문이었다. 식도를 타고 올라오는 것들을 입 틀어막고
삼키고 있는 꼴은 정말이지 내가 봐도 애처롭고 더러웠다.

치밀어 오르는 토기를 참지 못하고 결국 없는 속을
긁어 비운다. 빈속에 토하는 건 누가 내 몸통을

손에 쥐고 사정없이 쥐락펴락하는 느낌인데
오장육부가 뒤틀리고 갈비뼈가 으스러지는 것 같다.
울렁거리는 게 멀미의 열 배 정도 될까.

화장실 앞에 죽은 듯이 누워있다가 기어가 토하는 거 말곤
할 수 있는 게 없었다. 매일 밤 초점 없는 눈으로 천장을
바라보며 생각했다.

나 언제까지 이렇게 살아야 될까.
어차피 계속 수혈 받는 한 엑스자이드를 끊을 순 없는데
그렇다면 나는 평생 이걸 먹어야 하는 걸까.

이렇게 살 바에는
지금 죽는 게 몸도 편하고 덜 괴롭지 않을까.
자다가 죽었으면 좋겠다.

내일 아침엔 제발 눈을 뜨지 않았으면.

미안해

엄마 아빠, 미안해.
주는 거 다 잘 먹고 싶은데 안 들어가.
안 먹혀. 목에 칼이 걸린 것 같아.

더 속상하게 만들어서 미안해. 내가 다 미안해.
괜히 엄마 아빠 딸로 태어났나봐. 이렇게 속상하게
만들 거였으면 엄마 아빠 딸이 아니면 좋았을걸.

나 하나 때문에 우리 가족 다 힘들어하네.
사실 나는 힘들어 할 힘도 없는 거 같아.

앞으로 어쩌면 좋을지,
어떤 일이 날 기다리고 있을지 하나도 모르겠어.
너무 막막해서 생각하기를 포기한 거 같아.

매일 밤마다 울어서 미안해.
다 듣고 있을 걸 아는데
멈출 수가 없어.

누가 내 가슴팍을 밟고 서 있는 것처럼
가슴이 너무 답답해. 아무것도 시작하지 않았는데
벌써 벼랑 끝에 몰려있는 기분이야.

난 앞으로 어떤 길을 걷게 될까?
그 길은 연명의 길일까?

초라한 밤

반죽음 상태로 누워있는 내가 안타까워
어쩔 줄 모르는 부모님을 보고 있으니 나는 나중에
애를 낳으면 안 되겠다는 생각이 든다. 아픈 자식을 둔
부모의 마음 같은 건 평생 모르고 싶다.

조금만 더 힘내기를.
조금만 더 밝게 지내기를.
조금만 더 가족과 많은 시간을 보내기를.

부모님이 바라는 것들이지만
사실 내가 더 바라는 일.

주마등이라는 게 실제로 있을까?

지금 죽으면 살아온 시간이 짧아서
주마등조차 길게 못 보는 건 아닌지 모르겠다.
이 와중에 그런 게 걱정이야.

내가 초라해지는 이 밤만 견디면 괜찮을까.
내일도 그렇다면 내일 밤도 견디고
모레도 그렇다면 모레도 견디고
그렇게 하루하루 견디다 보면

나 언젠간 행복할 수 있을까.
그럴 수 있을까.

계륵 같은 인생

진퇴양난.
지금 내 상황을 표현하기 위해 존재하는 게 아닐까
싶을 정도로 적절한 단어다.

지금 내 수치는 수혈을 안 받을 수 있는 최저 수치인데
이대로는 위험해서 살아가기 힘들다. 남들에게는 가벼운
사고로도 죽을 수도 있다는 말이다. 이 상황에서
할 수 있는 건 두 가지 뿐이다.

면역치료가 좀 더 효과를 발휘하길 기다리거나
이식을 하는 것.

"그럼 이식을 준비해야 할까요?"

"음… 골수이식을 하기에는
또 너무 높은 수치라서 지금은 못 해요."

아하. 그럼 저보고 어쩌라는 거죠.
정말 기가 막힌 상황이 아닐 수 없다. 보다 확실한
치료를 위해서는 지금보다 악화되길 바라며 기다려야
된다는 소리니까.

내 몸에 대고 '비나이다, 비나이다. 제발 수치가 확확
떨어져서 이식할 수 있게 되기를 간절히 비나이다' 라고
기도라도 올려야 될 판이다.
이게 무슨 상황이람.

이런 일이 반복되다 보면 스스로 상처 받지 않기 위해
기대를 하지 않는 습관이 생긴다. 하더라도 최소한의,
갖가지 상황을 염두에 둔 일말의 기대.

확실히 상처받거나 실망하는 일은 많이 줄었는데
사람이 매사에 냉정해진다. 좋은 일에도 그다지 기뻐하지 않고
나쁜 일에도 남 일처럼 무덤덤해지는 것이다.

이렇게 감정이 결핍된 인간처럼 굴다가도
질투심만은 제대로 작동했다. 주변 사람들이 놀러 다니고
맛있는 걸 먹고 바쁘게 사는 모습을 보면 부럽다 못해
질투가 타올랐다.

차라리 안 보면 나을텐데 안 보자니 또 궁금해서
기어이 남의 삶을 보고 내 모습과 비교하고,
그 괴리에 또 괴로워했다.

내가 생각해도 참 가지가지 한다 싶었다.

아직 살고 싶은 의지가 있긴 한가 봐.
그러니 이렇게 질투가 나지.

아, 계륵 같은 인생아.

힘, 그거
안 내면 안 될까요

이 세상에 나를 아는 사람들이 생각보다 많다는 것에
새삼 놀라곤 한다. 도대체 어디서들 들었는지 부모님과 나는
각자의 지인들로부터 줄기차게 연락을 받았다.
그 걱정과 관심이 처음에는 고맙다가 갈수록 부담스러워졌다.
내가 어떤 병에 걸렸는지, 지금 어떤 상황이고 향후에는 또
어떤 치료를 받아야 하는지에 대해 수십 명에게 말하다 보면
내가 지금 뭘 하고 있는 건지 회의가 들었다.

주변에서는 힘 내라는 말과 긍정적인 생각을 잃지 말라는
소리밖에 하지 않는다. 안다. 그들이 나에게 해 줄 수 있는
말은 그런 것뿐이라는 걸.

그렇지만 힘이 위 니<del>데</del> 도대체 어떻게 힘을 내아 하는지,
본인들도 상황이 마음대로 되지 않을 때는 울고 화내고
욕도 할 거면서 왜 나는 이런 상황에서도 외로워도 슬퍼도
울지 않는 캔디처럼 굴어야 하는지 따져 묻고 싶은 게
한두 개가 아니다.

한번도 누군가에게 투병이 힘들다고 하소연한 적 없는데
사람들은 먼저 나서서 나를 위로한다.

저 다정함은 나를 위한 걸까,
아니면 환자를 위로하는 스스로를 위한 걸까.

'무너지지 않으려고 버티는 데에 모든 힘을 쏟고 있는데
여기서 뭘 더 어떻게 해? 나는 지금 살려고 최선을 다해서
발버둥치고 있다고!'

가슴 깊은 곳에서부터 치고 올라오는 말들을 삼키고
힘없이 웃고 만다.

"힘 내야죠. 다 잘 될 거예요.
그럼요, 그렇고 말고요."

별똥별

꿈을 꿨다.
유난히 별이 많은 밤에 높은 언덕배기에 올라가
새카만 하늘을 올려다보며 별자리를 하나씩 짚었다.

별들이 정말 밝고 선명하게 보이는 게 예쁘기도 하고
신기하기도 해서 한참 쳐다보고 있는데 갑자기 별똥별이
떨어졌다. 생각보다 천천히 떨어지길래 소원을 빌어야겠다며
손에 들고 있던 과자 봉지를 던지고 큰소리로 외쳤다.

"수치 엄청 오르게 해주세요!!"

별똥별에 내고 처음 소원 빌었나니
뿌듯해하고 있는데 잘 떨어지던 별똥별이 갑자기
유턴해서 하늘로 올라가더니 또다시 떨어졌다.
질세라 또 소원을 빌었다.

"완치되게 해주세요!!"
"저 다 낫게 해주세요!!"

별똥별은 그제야 시야 너머로 천천히 사라졌다.
나는 만족스러운 기분으로 다시 과자를 가져와 먹으며
밤하늘을 쳐다보았다.

꿈에서 깬 후 곰곰이 생각해보니 소원을 두 개나
빌 수 있었는데 하나는 로또 당첨을 빌어볼 걸 그랬나 싶어
아쉬웠다. 꿈에서조차 두 번이나 완치를 빌 만큼
간절한가 보다.

내 소원이 이루어질까?

오늘까지만

오늘까지만 원망하고
오늘까지만 부러워하고
오늘까지만 욕심부리고
오늘까지만 조급해하고
오늘까지만 답답해하자
오늘까지만 날 싫어하자
오늘까지만 그러자

이제 나도 살아야지.
언제까지 밤마다 울면서 살기 싫다 할 거야.
맞아, 많이 답답하고 힘들어.

뭐 하나 좋은 일은 쥐뿔도 없고 병원 갈 때마다
낭떠러지 밑을 확인하고 오는 거 같아서 비참해.
세상이 밉고 어디에라도 원망하고 싶어하는 내가 싫어.

그래도 내 인생이잖아.
갖다 버리고 싶어도 내 인생인데
살아야지. 버텨야지. 일어나야지.

백 번 다짐하고 한번 무너지고
또 백 번 다짐하고 다시 무너지고
괜찮아, 사람이니까 무너지는 거야.
어쨌든 나는 나을 거잖아.

또 얼마나 울고 아파해야 할지 짐작도 안 되지만
결국 나을 테니까, 그럴 거니까 너무 힘들어하지 말자.
여전히 가만히 있다가도 감정이 북받치지만
나중엔 이 과정이 마냥 지옥 같지만은 않았다는 걸 느낄 거야.

지금은 내 앞가림도 급급해서 잘 모르겠지만
지나고 나면 비할 데 없이 값진 경험이 될 거야.

그러니까 웃자, 다 괜찮을 거다.

굴레

다 괜찮을 거라 다짐한 지 이틀째.
밥 먹기 싫어서 부모님 앞에서 펑펑 울었다.

야, 이 빌어먹을 엑스자이드야. 속이 괜찮아야
밥도 먹고 집 앞에 산책이라도 나가지, 종일 울렁거리니
밥도 못 먹고 누워 있다가 토하는 것 말고는 할 수 있는 게
없잖아. 철분 빼기 전에 내가 먼저 죽을 것 같다.
너무 힘들어서 하루에 네 알 먹던 걸 한 알로 줄였더니
딱 토하기 직전까지만 울렁거린다.

얼굴에는 눈, 코, 입을 제외한 모든 곳에

여드름도 아닌 이상한 게 빼곡히 올라와 곪지도 짜지지도
않는 중이다. 스트레스 받아서 죄다 쥐어짰더니
그건 그것대로 지독한 흉이 되어버렸다.

보는 사람들마다 피부가 왜 그렇냐고 묻는 통에
사람 눈을 제대로 쳐다볼 수가 없다. 투병하며 뼈저리게
느끼는 건 생각보다 많은 사람들이 배려와는 거리가
멀다는 것이다. 상대방이 투병 중이라는 것을 알든 모르든
대놓고 네 피부가 왜 이러느냐고 묻는 건 실례 아닌가?
나와 타인의 상식 선이 이렇게까지 다르다는 사실에
절망감마저 든다. 타인의 얕은 호기심에 상처 받을 필요가
없다는 걸 알면서도 나는 자꾸만 움츠러든다.
이러다 대인기피증 생길 것 같다.

철분은 아주 천천히 빠진다고 들었는데
이 약을 도대체 언제까지 먹어야 할까. 계속 수혈을
받는 탓에 철분이 어마어마하게 쌓여 안 먹을 수도 없는데
계속 먹다가는 내가 죽을 것 같다. 이렇게 살다가 죽느니
차라리 이식이라도 받다가 죽는 게 낫겠다.
도저히 이렇게는 못 살겠다.

이 굴레에서 벗어나기 위해서는 이식밖에 답이 없다.

어떻게든 되겠지

면역치료를 받은 지 4개월째.
그나마 수혈이라도 안 받아서 좀 낫다 싶었는데
언젠가부터 점점 수치가 떨어져서 수혈 받는 날이 잦아졌다.
그건 곧 골수이식밖에 방법이 없다는 말이었다.

골수이식은 동종이식과 자가이식으로 나눌 수 있는데
동종이식은 가족 또는 타인의 골수를 받는 것이다.
유전자 코드가 몇 개 일치하느냐에 따라 완전일치, 부분일치,
반일치로 나뉜다. 자가이식은 자신의 골수를 냉동 보관해서
항암 및 방사선 요법을 한 뒤 해동시켜 다시 받는 것이다.

이식을 해야겠다는 생각이 들 즘 동생과 유전자 검사를
했는데 아쉽게도 반일치라는 결과를 받았다. 만약 공여자를
찾지 못하거나 찾아도 기증을 거부한다면 동생이나
엄마 골수로 반일치 이식을 해야 했다.

공여자를 찾기 위해 서류를 보내고 몇 주가 흐르자
점점 조바심이 났다. 일치하는 사람이 한 명이라도 있을지,
있어도 기증을 안 하겠다고 하면 어떻게 해야 할지,
반일치는 다른 이식보다 리스크가 크다는데 공여자가 없으면
정말 그거라도 해야 할지, 오만 걱정을 하며 스트레스를
만들어 내던 어느 날.

멍청히 앉아있다가 갑자기 해탈했다.

아, 뭐 어떻게든 되겠지. 갑자기 수치가 쭉쭉 오르든가,
골수이식해서 잘 살든가, 아니면 죽겠지 뭐.

하나부터 열까지 걱정하려니 머리가 터지겠네.
내가 머리 싸매고 끙끙 앓아봐야 바뀔 게 없는데 어쩌겠어.
몰라! 어떻게든 되겠지, 뭐!

1년 후의 수연아

밤마다 눈물짓고 불투명한 미래를 두려워하지만
한편으로는 희미한 희망이 드는 이 시간들 있잖아.
긴 한숨 끝에 그래도 괜찮다 토닥이며 잠들지 못하는
새벽에 억지로 눈을 붙이고 아침이 올 때까지 뒤척이는
이 시간들 말이야.

시간이 지난 후에 지금을 되돌아보며
'그래도 저런 시간들이 있었기에 지금의 내가 있을 수 있었다'
고 그렇게 말한다면 정말 좋겠다.

1년 후에 웃으며 이 글을 보고 있을 나를 위해
오늘의 내가 기꺼이 애끓는 밤을 보낸다.

삶과 죽음 그 사이

수혈 받은 피에도 수명이 있다.

적혈구는 열흘, 혈소판은 3~4일밖에 못 살아서

매주 수혈을 받아야 하는 것이다. 수혈 과정에는 변수가 많다.

분명 멀쩡했는데 피가 들어가자마자 열이 나기도 하고

재수 없으면 고열과 오한이 같이 오는데 그 때마다 내 몸이

드디어 미쳤구나 싶다. 더워서 얼굴이 터질 거 같은데

몸은 진동모드인 양 덜덜 떠는 것이다.

수혈 전에 부작용 예방주사를 맞아도 상태 이상은 랜덤으로

온다. 열이 나거나 두드러기가 올라오면 즉시 수혈을 중단하고

잠잠해질 때까지 기다리거나 부작용에 따른 주사를 맞은 후

상황을 지켜보고 나시 수혈을 해야 한다. 이렇다 보니
수혈 한 번 하면 그날 하루가 통째로 날아가버린다.

내가 다녔던 병원에는 주사실이 따로 없어서
항상 응급실에서 수혈을 받았다. 일주일에 한 번씩
응급실 구석에서 손등에 바늘을 꽂고 꼼짝도 못 한 채
반나절을 보내는 일은 여간 답답한 게 아니었지만
그래도 내 몸에 집어넣을 피가 있다는 것에 감사했다.

언젠가 당장 수혈이 필요했던 날 제주도에 피가 없어서
서울까지 가서 수혈을 받고 돌아온 적이 있던 까닭이다.
그러니 응급실이면 어떻고 길바닥이면 어떤가.
나는 남의 피 없이는 고작 한 달도 못 사는 몸인데.

그날도 평소와 다름없이 응급실을 찾았다.
낮은 혈액 수치에 염증을 느끼며 간호사에게 혈액 전표를
건네고 창가의 빈 침대를 찾아 앉았다. 응급실은 어떻게 된 게
매주 오는데 이렇게 적응이 안 되나. 멀뚱멀뚱 기다리고 있으니
간호사가 차가운 혈액팩을 들고 와 혈관을 잡았다.

점도 높은 적혈구가 끈적하게 떨어지는 걸 지켜보며
반나절 동안 어떻게 시간을 죽일지 생각했다.

해가 떨어진 뒤 갑자기 응급실이 소란스러워졌다.
모두가 신경을 바짝 세우고 있는지 공기의 흐름이 달라지던
그 때, 한눈에 봐도 위급해 보이는 사람이 침대에 실려 들어왔다.
간호사와 의사가 분주하게 들어오며 뭐라 뭐라 외치고 있었고
급하게 뒤따라 온 구급 대원이 정황을 알렸다.

"자살기도로 뭘 마셨어요. 위세척이 필요할 겁니다!"

아, 자살….
그 순간 삶과 죽음이 충돌했다.

삶을 포기하려는 사람과 살아보겠다고 남의 피를
꾸역꾸역 집어넣고 있는 사람이 한 공간에 있다니.
도대체 사는 게 뭐라고 우리는 이렇게 힘든 걸까.

죽는 것과 사는 것
둘 중에 하나는 쉬워야 되는 거 아닌가.

내가 충격받은 사이에 환자를 다른 곳으로 옮겼는지
응급실은 언제 그랬냐는 듯 조용해졌다. 소란의 여운이
이토록 진한데 눈앞은 너무나 잠잠했다.

잉거주춤한 자세로 서서 방금까지 생사가 오갔던
그 현장을 물끄러미 바라보았다.

분명 나도 죽고 싶은 순간이 있었다.
엑스자이드 때문에 죽어라 토할 때도, 얼굴 피부가
다 뒤집어져서 남들과 눈도 제대로 못 맞출 때도,
도무지 내 앞날이 보이지 않을 때도 그랬다.

그런데 자신의 목숨을 끊으려 한 사람을 눈앞에서 보니
내가 한 때 바랐던 죽음을 잠시나마 들여다본 느낌이어서
마음이 걷잡을 수없이 흔들렸다.

죽음을 너무 쉽게 생각했다.
죽을 용기도 없으면서 단지 내 생각대로 상황이 흘러가지
않는다고, 일이 엉켰다고, 조금 힘들다고 죽고 싶다는 말을
쉽게 입에 올렸던 지난 날의 내가 부끄러웠다.

많은 생각과 감정이 휘몰아치는 바람에 어찌할 바를 모르고
시선을 밖으로 돌리자 창밖이 온통 허물어졌다.

죽음을 피부로 느낀 날,
내 어리석은 과거가 눈 앞으로 무너지고 말았다.

시곗바늘이
차례로 내 목을 칠 때

병이 힘든 건
시도 때도 없이 찾아오는 구토 때문도 아니고
손가락 까딱하면 몸이 조각날 듯한 근육통 때문도,
멈추지 않는 출혈 때문도 아니다.

확신 없는 하루, 이틀, 보름, 한 달, 세 달….
내가 살아가는 건지 죽어가는 건지 나조차 알 수 없을 때,
그 때가 제일 힘들다. 시간만 지나면 되겠지 하고
시작한 투병인데 사실 제일 무서운 건
시간이었음을 깨달을 때.

피를 말리고
기대를 말리고
희망을 말리고

'이제 울지 말아야지', '강해져야지' 하고 돌탑 쌓듯
마음을 다잡다가도 작은 돌 하나가 허물어져버리는 순간이
너무나 아득하다.

스테로이드 일주일 먹는 것도 부작용 생길까 벌벌 떨면서
먹었는데 이젠 내 인생에서 생각도 해본 적 없는
골수이식마저 가까워져오고 있다.

더 이상 길이 없다고 생각하니
오히려 마음이 차분해진다.

내 인생을 폴대 끝에 걸어놓고
남 일인 양 덤덤하게
써 내려가는

이 시간을 추억할 날이 얼른 오기를.

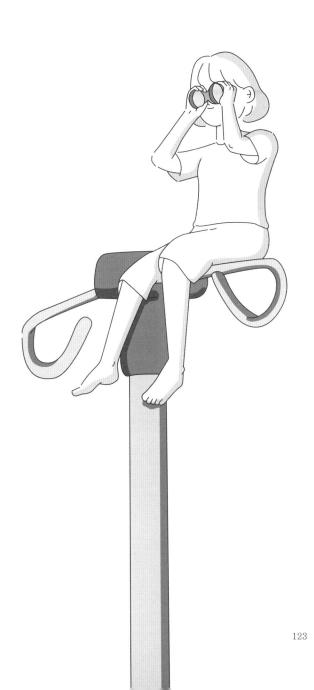

3 장

다시
건강해질
거야

: 저 이식할래요.

기증하겠다는
공여자도 있는데
이 기회를 어떻게
놓쳐요.

저 이식할 거예요.

공여자가
나타났다

이식 D-43

국내에서 내 유전자와 맞는 사람이 무려 13명.
그중 두 명이 기증 의사를 밝혔다. 두 명이나 기증 의사를
밝힌 것만 해도 기적 같은 일인데 2차 유전자 검사에서 두 명
모두 완전일치로 봐도 될 정도로 코드가 비슷했다.

타인과 유전자 형질이 일치할 확률이 2만분의 1인데
거기다 두 명 모두 기증을 해줄 수 있다고 하다니!
나는 당장이라도 이식하고 싶었기에 바로 기증해줄 수
있다고 한 20대 여성분의 골수를 받기로 했다.

많이 무섭고 걱정되지만 그래도 기대가 더 크다.

얼른 이식하고 회복해서 평범한 삶을 살고 싶다.
많이 힘들고 아프겠지? 울기도 많이 울 거야,
밥도 더 맛없을 거고….

그래도 괜찮아, 젠장.
벌써부터 눈물 나지만 난 괜찮아.
이겨낼 수 있어. 이겨낼 거야!

…

그로부터 며칠 뒤 드디어 이식일이 잡혔는데
난자 보관을 하느냐 마느냐의 문제에 봉착했다.
난자 보관은 항암이나 방사선 조사로 불임이 될 수도 있어
내 몸에서 난자를 뺀 후 냉동시키는 건데 힘들고 아픈 건
둘째치고 이식 날짜가 늦춰질 수도 있다고 해서 망설여진다.

나는 방사선 조사는 하지 않고 비슷한 효과를 내는
약물만 먹는다는데, 꼭 해야 할까?

이 애증의 난자로 말할 것 같으면 평소 한 달에
일주일에서 열흘씩 귀찮게 하는, 즉 생리를 하게 만드는
주범인데 채취 과정도 험난하다.

생리주기에 맞춰 난포 키우는 주사를 맞고
배란억제제도 맞아야 하며 때 되면 산부인과 가서
수면마취나 국소마취 후 난자를 채취해야 한다.
고통도 심하며 돈도 많이 든다.

우씨, 정자 채취는 엄청 쉬운데 난자는 왜 이래.
난자 네가 뭔데 날 이렇게 힘들게 해.

어떻게 해야 될지 몰라 산부인과에 가서 물었더니
아직 어리고 방사선 조사를 하지 않으니 굳이 난자를
보관할 필요가 없다며 일시적으로 생리를 멈추게
만드는 호르몬 주사를 맞으라고 했다.

예정대로 이식할 수 있다는 생각에 냉큼
다음 외래일에 주사를 예약했다.

너희는 왜 이렇게
복잡하니?

한 마디

내가 아빠보다 먼저 죽으면 아빤 날 평생 그리워만 할 거라고
했다. 제 팔자려니 달래겠지만 부모보다 먼저 간 자식은 죽을
때까지 사무칠 거라고, 이제부터는 네 몫이니 잘 견뎌내달라
말하는 아빠에게 나는 알겠다는 말밖에 하지 못했다.

내가 죽음과 가까이 지내고 있다는 사실이 갑자기 와 닿아서
앞으로 겪어야 할 일들이 상상조차 안돼서 걱정 말라는 흔한
말도 못하고 그냥 알겠다는 말 한 마디.

내가 죽는다면 부모님은 얼만큼의 시간이 흘러야
나를 그럭저럭 묻어두고 살 수 있을까.
생각이 많아지는 밤이다.

이식 준비 1

이식 D-28

이식 전이라 검사할 항목이 굉장히 많았는데
채혈을 무려 12통이나 했다. 이건 채혈이 아니라 출혈 수준이다.
엑스레이도 꼼꼼하게 찍느라 서른 장은 찍은 것 같다.
뼈 화보 찍는 줄 알았다. 심전도 검사까지 하고
진료 보러 갔더니 교수님이 대뜸 물었다.

*"수연아, 지금 수치에서 헤모글로빈만 유지되면 적어도 수혈은
안 받고 살 수 있을 거 같은데. 다른 약 먹어 볼래?"*

…저 이식한다고 정밀검사하러 온 건데요.

"아니요! 지 약 안 먹을래요! 이제 이식할 건데요, 뭐. 하하"

"그래도 약도 안 먹어보고 이식하는 게 조금 아깝네.
이식 사망률이 절대 낮은 게 아니야. 후유증이나
숙주반응[8]도 있는데…."

나는 교수님이 말한 약의 부작용을 전부 꿰고 있었으므로
엑스자이드처럼 부작용 때문에 반죽음을 경험하느니
차라리 이식을 받겠다는 강한 의지를 보였다.

"교수님, 약 먹고 수치가 유지된다고 한들 저 불안해서
못 살아요. 그게 언제 다시 곤두박질칠지 모르잖아요.
저 이식할래요. 기증하겠다는 공여자도 있는데 이 기회를
어떻게 놓쳐요. 저 이식할 거예요."

한 살이라도 어릴 때,
체력이 받쳐 줄 때 이식하고 싶다고 결연하게 말했다.
교수님은 잠깐 생각하시더니 "그래! 그럼 이식하자!" 면서
맛있는 거 많이 먹고 살 많이 찌워오라는 의미로
사이폴과 피임약, 그리고 망할 철분약마저 끊어주셨다.
소리라도 지르고 싶었다. 엑스자이드를 끊다니!
엑스자이드 꺼져라!

---

8. 이식된 골수가 수혜자의 몸에 공격적으로 작용하는 질환

방실방실 웃으며 진료실을 나와
이식 전문 코디네이터 선생님으로부터 이식 과정과
리스크 등에 대한 각종 정보를 들었다.

항암제에는 싸이톡산과 플루다라빈이 있는데
싸이톡산은 항암제 중에서도 독한 약이고
플루다라빈은 임상실험 중인 조금 부드러운 약이라고 했다.
하지만 내가 선택할 수 있는 게 아니라 싸이톡산을 처방받거나
임상실험에 참여해 랜덤으로 약을 처방받는 방법,
둘 중 하나라는 거였다.

플루다라빈은 머리카락이 많이 빠지지 않아
삭발을 하지 않아도 된다는 말을 듣자마자 임상실험에
참여하기로 결정했다. 삭발을 안해도 된다니 엄청나잖아!

나는 제발 플루다라빈이 걸리길 바라며 상담실을 나와
호르몬주사를 맞으러 갔다. 일시적으로 생리를 멈추게 하기
위해서였다. 한참을 기다린 후에 내 이름이 뜨자마자
주사실로 들어갔더니 간호사가 물었다.

"팔에 맞을래요, 배에 맞을래요?"

어리둥절했다.

나 혹시 주사실이 아니라 옥상으로 불려 온 거니.

"…네? 배요?"

"주사가 많이 아파서 피하지방이 많은 배에 많이 맞아요~"

"아, 그래요? 그럼 배에 맞을래요!"

배에 맞으면 어떤 느낌일까 생각하며
옷을 주섬주섬 추켜올리니 간호사가 뱃가죽을 잡아당겨
주사를 꽂아 넣었다. 주사가 아프다는 건 들어오는
약물 자체가 아프다는 말이었다. 팔에 맞았으면 한동안
팔을 못 썼을 거라 생각하며 간호사가 캐릭터 밴드를
배에 붙여주는 것을 바라보았다.

다음 행선지는 무균실이었다. 이름부터 무서운 무균실이
어떻게 생겼을지 늘 궁금했는데 베일에 싸인 그곳은
눈이 아릴 정도로 새하얀 인테리어를 자랑했다.

간호사실로 가서 입원할 때 가져와야 할 것들에 대해
설명을 들었다.

(종이에 동그라미를 그리며)
"여기서 삶을 수 있는 건 다 삶아 오시고요,
머리는 입원 전에 지하에서 삭발하고 오시고,
면회는 가족 한 분만 하루에 한 번, 한 시간입니다.
입원하면 오전에 골수 검사하고
오후에 히크만[9] 수술할 거니까

금식하시고요.
맛있는 거 많이 드시고 오세요!
그럼 다시 뵐게요~"

간호사가 한 마디 할 때마다 끄덕이며 "네, 네." 하고
대답만 하다가 물품 리스트가 적힌 종이 여러 장을
소중히 받아들고 나왔다.

무균실 앞에 서서 종이를 훑어보았다.
크기별 수건, 속옷, 체온계, 로션, 바디워시 따위가
적혀있었는데 미지로 떠나는 여행에 필요한
준비물 같았다.

아, 나 정말 이식… 하는구나.

---

9. 항암. 토끼 혈청과 같은 약물 주입 및 채혈을 위해 정맥에 삽입하는 관

이식 준비 2

이식 D-14

이식 전 검사 또 하는 날.
먼저 치과에 갔는데 내 치아는 퍼펙트해서
손볼 곳이 없다고 했다. 이런 건치 미인 같으니.

그 뒤 동의서 회의실이란 낯선 곳으로 향했다.
골수이식 동의서를 작성하는데 녹화도 한단다. 교수님과
이식 코디 선생님, 엄마와 나는 편안한 분위기 속에서
내가 골수이식을 받게 된 과정과 감안해야 할 리스크,
평균적인 통계에 대해 얘기하고 동의서 작성을 마쳤다.

그 뒤 1차로 짐을 넣기 위해 무균실로 향했다.

무균실은 여전히 하얬다.

간호사가 여러 명 모여 물품을 바닥에 흩뿌려놓고
리스트를 보며 일일이 체크하는데 철저히 꼼꼼하게 하나씩
살피는 게 마치 CSI 같았다.

짐을 다 넣고 나서 이비인후과 진료실에 가자
역시나 내시경을 식도까지 집어넣을 기세로 검사를 했다.
언제 해도 적응이 되지 않는다. 눈물 콧물을 빼며
이상 없다는 얘기를 듣고 호흡기 내과로 갔다.
검사할 게 너무 많다. 폐기능 검사를 할 차례인데
작은 방에 들어가 호스 입구에 입을 대고
숨을 계속 뱉으라고 했다.

"후!!!! … 후!!!! … 후!!!!!"
한참을 하고 나니 또 들이쉬란다.

"흡!!!! … 흡!!!! … 흡!!!!"

이 혼신의 들숨날숨으로 정말 폐 기능을
검사할 수 있는지 의문을 품으며 핵의학과로 향했다.
도장 깨기 하는 기분이었다. 핵의학과에서는 무슨 검사를
하는지 너무 궁금해서 지나가는 의사를 붙잡고 물어봤다.

"여기서는 무슨 검사해요?"

"아~ 심장이 항암치료를 견딜 수 있는지 검사해보는 거예요."

오, 그런 걸 미리 알 수 있다니 좋은 세상이군.
모든 검사를 마치고 병원 근처에 원룸을 보러 갔다.
이식 후에는 3일에 한 번, 일주일에 한 번씩 외래를 봐야 하는데
매번 제주도에서 오갈 수 없으니 아예 방을 잡아버렸다.

많은 검사를 끝내고 지친 몸으로 제주에 내려왔다.

다시
건강해질 거야

백 마디 말보다 한 번의 포옹이 더 따뜻할 때가 있다.
열 번 안아 주는 것보다 진심 어린 한 마디가 더 와 닿을 때가
있고 아무 말 하지 않아도 눈빛에서 읽히는 경우가 있다.

말로 하지 않으면 모를 때가 있고
말하지 않아도 다 느낄 때가 있다.

일상이 재밌다가도 권태를 느낄 때가 있고
지루한 일상에 새로운 설렘이 생기기도 한다.
이럴 때도 있고 저럴 때도 있는 게 삶이겠지.

그러니까
분명 다시 건강해질 거야.

정상의 상징

이식 D-9

이식일 받아두면 그렇게 마음이 심란하다던
이식 선배들의 말은 사실이었다.

잘한 선택이 맞는지 몇 번이고 다시 생각해보지만
결국 무르지 않을 걸 안다. 원하던 이식인데 원하지 않는다.
하지만 이대로 살고 싶진 않으니 죽이 되든 밥이 되든
일단 해보는 것이다.

남들이 들으면 웃겠지만 제일 무서운 건 삭발이다.
삭발이란 진정 환자로서의 데뷔 아닌가.

히크만 수술이나 항암은 와 닿지 않아서 무섭지도 않은데 삭발은
생각만 해도 눈물이 앞을 가렸다. 겉으로 멀쩡해
보일 수 있었던 건 단연 머리카락 덕분인데
정상의 상징을 잃어야 한다니.

부모님은 항암이나 이식 후 숙주반응에 대해 걱정도 많고
뭔가 잘못돼 행여나 내가 죽거나 죽는 것만도 못하게 살까 봐
세상 모든 걱정은 다 하고 있는데 내 걱정은 오로지
머리를 어느 세월에 기를까에 대한 것뿐이었다.

미리 가발도 봐두고 머리 빨리 자라는 법 따위를 검색하며
시간을 보냈다. 이런 철없음은 투병하는 데 꽤 도움이 된다.

무균실 들어가기 하루 전, 모든 짐을 싸서
계약해 둔 원룸으로 올라왔다. 최후의 만찬으로
쭈꾸미볶음을 먹고 있었는데 병원에서 연락이 왔다.
항암의 신이 싸이톡산을 하사했다는 전갈이었다.

…망했다.

항암제 중에서도 제일 독한 놈과 싸워야 한다니
헤라클레스와 싸우는 병사1이 된 심정이었다.

잠들면 내일이 온다는 생각에
잘 수가 없었다.

그냥 계속 오늘이었으면 했다.

아니 그냥 내일이 왔으면….
아니 그냥 오늘이었으면….
아니 그냥 지구가 폭발해버렸으면!

마지막으로 먹은 쭈꾸미.
걱정과 기대를 버무려 먹었던 저 맛을 잊을 수가 없어요.

총 맞은 것처럼

아침 일찍 병원에 도착하자마자 이발소로 향했다.
이발소라니… 미용실이 아니라 이발소라니!

쭈뼛쭈뼛 들어가자 이발사 아저씨가 무심하게
뭐 할 거냐고 물었다. 내 입으로 삭발하러 왔다는 말이
나오지 않아 우물쭈물하고 있으니 옆에 있던 엄마가 대신
"무균실 들어갈 거라 삭발할 거예요." 라고 말했다.

손님 대부분이 환자여서인지 아저씨는 그저 고개를 한 번
끄덕이고는 앉아서 기다리라고 했다. 떨어지지 않는 걸음으로
의자에 앉아서 거울을 보니 한껏 억울한 표정을 짓고 있는

내가 비쳤다. 내가 식발을 헤아 한다니… 내가 빡빡이라니….
아저씨가 바리캉 들고 다가오는 걸 보고는 서둘러 안경을 벗어
엄마에게 건네주었다.

차마 내 꼴을 또렷하게 볼 용기가 없었다.

아저씨는 내 목에 천을 두르더니 냅다 머리를 밀어버렸다.
머리가 짧은 상태여서 자를 것도 없었다.
바리캉이 몇 번 왔다 갔다 하고 나니 거울 속으로
뿌옇게 보이는 내 머리통은 이미 회색이었다.

태어나서 처음으로 근시, 난시, 원시를 트리플로 갖고 있는
시력에 감사했다. 저걸 어떻게 선명하게 볼 수 있을까.
엄마가 계산하는 그 짧은 시간도 기다리기 싫어서
애처로운 삭발식이 끝나자마자 모자를 뒤집어쓰고
나와 버렸다. 나오는 동시에 눈물이 터졌다.

괜찮을 거라고 몇 번이나 다짐했지만
막상 머리를 밀고나니 서러움이 북받쳤다.
입원 시간까지 30분 이상 남았지만 사람들 앞에서
발가벗겨진 기분이라 빨리 숨고 싶어서
제 발로 무균실에 들어갔다.

훌쩍거리며 짐을 가지고 병실로 올라갔는데
무균실 입구에서 엄마랑 인사를 제대로 했는지
기억도 나지 않는다.

벌게진 눈으로 간호사를 따라서 배정받은 병실로 들어가니
3인실에 나 혼자였다. 무균실은 일반 병실과는 전혀 다른
분위기였다. 어딘가 모르게 차갑고 딱딱했으며 침대마다
달려있는 두꺼운 비닐이 낯설었다. 얼마나 깨끗한지
공기마저 살균된 것 같았다.

내 이름이 일일이 적힌 물품과 서랍장을 보고 있으니
새로 전학 온 기분이 들었다. 섹션을 나눠서 짐을 넣고 있는데
간호사가 들어와 이런저런 설명을 해주더니 채혈을 하겠다고
했다. 별 생각 없이 팔을 걷어줬는데 바늘이 평소 수혈 바늘보다
훨씬 굵은 것이 육안으로도 구분이 가능할 정도였다.
어째서 바늘 굵기가 혈관과 맞먹는 거죠, 선생님…?

채혈을 하고 있는데 그새 골수 검사 하는 의사들이 와서
대기하고 있었다. 이 많은 의사와 간호사들이 나만 보고 있다니.
채혈이 끝나자마자 숨 돌릴 틈도 없이 바로 골수 검사가
시작됐다. 의사가 베개를 부둥켜안고 엎드려있는
나에게 자신만만한 목소리로 말했다.

"뼈 한 번에 뚫어서 빨리 끝내드릴게요. 너무 걱정 마세요~"

누가 들으면 섬뜩할 멘트지만 환자 입장에서는
저렇게 든든한 말도 없다. 정말 베갯잇 몇 번 쥐락펴락했더니
검사가 끝났다. 그 뒤에 혈소판을 수혈 받으며 잠깐 잠들었는데
간호사가 이제 히크만 수술하러 갈 거라며 수액을 연결하러
들어왔다. 세상에, 벌써 히크만 수술할 시간이라니….

말똥말똥한 눈으로 수액이 한 방울씩 떨어지는 걸
일일이 세면서 기다리고 있으니 간호사가 나를 부르며
다시 들어왔다. 심장이 두근대다 못해 덜컹거렸다.
간호사는 나에게 진한 초록색 수술복을 입혀주었다.
이 와중에 머릿속에서 하얀거탑 OST가 자동재생 되는
내가 미웠다.

폴대를 질질 끌고 무균실 입구로 나갔더니 침대와 함께
이송 봉사자가 대기중이었다. 봉사자는 나를 보며 싱긋 웃었다.
누우라는 말이었다. 슬며시 누워 수술실까지 달달 끌려가는데
눈앞으로 천장 형광등이 차례로 지나갔다.

이거 드라마에서 자주 보던 장면인데…
아 젠장, 이대로 기절해버렸으면 좋겠다.

수술실은 추웠다.

별 생각이 없었는데 수술실에 들어오니 그제야
한 가지 의문이 들었다. 나는 미성년자인데 왜 수면마취가
아니라 국소마취지? 미성년자는 수면마취 하는 걸로
알고 있는데… 왜 나는 국소마취야?

그러나 이제 와 이의있음을 외치기엔 너무 늦었다.

"이제 마취할 거예요~"

"어, 네…."

3초의 숨 막히는 공백을 깨고
마취주사가 쇄골에 한 번, 목 밑에 한 번 들어갔다.
아 잠깐만, 이거 너무 아프잖아. 약이 퍼지며 점점 뻐근해지자
메스가 피부를 가르는 게 느껴졌다. 곧이어 지금 내 중심정맥을
찢어발기고 있는 게 아닐까 싶을만큼 엄청난 압박이 가해졌다.
관을 정맥에다 조용히 연결할 줄 알았건만 막힌 변기 뚫듯이
세게 쑤셔 박는 거였다. 푹푹푹!!!! 푹푹푹!!!!

'와 씨. 내가 억울해서라도 살고 만다, 진짜.'

수술 내내 골수이식에서 살아남고야 말겠다는 생각을 하며
버텼다. 수술이 끝나고 연결이 잘 됐는지 확인차 엑스레이를
한번 찍고 다시 무균실로 올라가는데 수술시간보다
엘리베이터 기다리는 시간이 더 걸렸다. 무균실로 가는 동안
계속 훌쩍거리니 봉사자 분이 고생했다며 이식 잘 받고
나오라고 말해주었다.

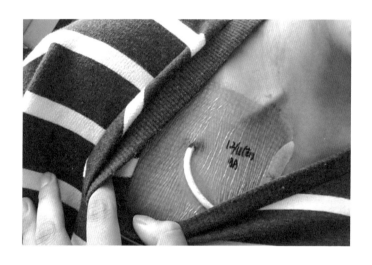

병실로 들어오자마자 휴대폰 먼저 찾았다.
히크만 수술에 대해 처음 들었을 때 수술 끝나고 꼭
백지영의 '총 맞은 것처럼'을 듣겠다고 다짐했기 때문이다.
코 들이마시며 노래를 틀었는데 방금 수술 끝낸 가슴팍이
욱신거려 정말 총이라도 맞은 기분이었다.

그때 마침 엄마가 면회를 들어왔다.
식품 제조회사 직원처럼 초록색 수술복에 머리망에
마스크까지 착용했는데 장갑만 꼈으면 아까 본 의사랑
착각할 정도로 꽁꽁 싸매고 왔다. 마침 식사시간이라
감자 세 알과 계란 한 알, 크래커와 두유, 누룽지를 먹고는
항암이 시작되면 못 먹을지도 모른다며 엄마가 사온
황도통조림까지 들이마셨다.

이제 하루 쉬고 모레부터 항암 시작이다.
삭발도 하고 히크만까지 삽관하고 나니
더 이상 무서울 게 없었다.

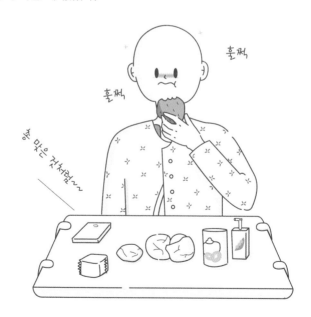

항암 :
구토와의 전쟁

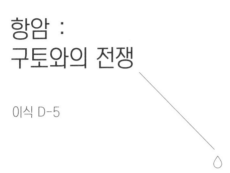

이식 D-5

자고 있는데 누가 깨워서 일어나 보니
교수님이 내가 일어나길 기다리고 계셨다.
아이고 머쓱해라.

교수님은 무균실에서 이렇게 잘 자는 사람은 처음이라며
컨디션은 어떤지 물어보셨다. 히크만 수술한 곳이 아직 아플 뿐
기분은 괜찮다고 하자 내일부터 항암 시작한다며 오늘은
수액을 계속 맞아야 한다고 했다. 수액을 맞으면 화장실을
자주 가게 되는데 한 번 다녀오는 과정은 다음과 같다.

1. 히크만 수술한 곳을 부여잡고 낑낑거리며 일어난다.
2. 낙상 방지를 위해 올려 둔 난간을 내리고 침대에서 내려간다.
3. 폴대에 걸린 기계의 코드를 빼고 코드 선과 수액 줄을 폴대에 칭칭 감는다.
4. 무거운 폴대를 끌고 비닐커튼을 걷고 화장실에 간다.
5. 일을 본 후 비닐커튼을 걷고 들어와 코드를 다시 꽂고 수액줄을 정리한다.
6. 침대에 올라가 난간을 다시 올린다.

20분에 한 번씩 화장실을 가는데 갈 때마다 이러고 있으니 결국 10분에 한 번 가는 꼴이 된다. 침대 바로 옆에 변기가 있었으면 좋겠다고 생각했는데 곧 현실이 될 줄이야.

간호사들이 입을 모아 힘들다고 하는 항암제 싸이톡산은 울렁거림이 상상을 초월한다던데 와 닿지 않아서 아무런 생각이 없다. 그래도 엑스자이드와 다르게 토할 수는 있어서 다행이다. 싸이톡산은 4일동안 투여된다고 한다.

다음 날 저녁 8시를 조금 넘긴 시간.
간호사가 머리부터 발 끝까지 꽁꽁 싸매고 항암제를 들고 들어왔다. 항암제는 투명한 병에 들어있었고 생각보다 양이 적었다. 들은 얘기가 많아서 지레 겁먹고 있었는데 실제로 마주한 항암제의 모습이 의외로 별 거 아니어보여서 피식 웃음이 나왔다. 저 한 뼘도 안 되는 물이 항암제라니?! 껄껄, 덤벼라 항암제여! 그 반전매력에 마음이 놓였는지 항암이 시작되고나서부터 흥이 올랐다. 이것만 버티면 끝이라는 생각에 콧노래마저 나왔다. 항암을 시작한지 한 시간쯤 지나자 반응이 나타났다. 수영하다가 코에 물이 들어갔을 때처럼 코끝이 찡하고 매캐한 냄새가 올라왔다. 콜록거리면서도 아빠한테 전화해서 자랑했다.

"아빠, 나 항암 시작했다! 응. 근데 나 되게 신나!"

컨디션이 좋아서 어쩌면 수월하게 항암을 받을지도 모른다고 생각하며 잠들었는데 그 생각이 대단한 착각이었음을 깨닫는 데에는 그리 오래 걸리지 않았다. 새벽에 체중을 재고 침대로 돌아오는 길에 토하고 쓰러진 후 그대로 몸져누웠다.

아침부터 초록색, 검은색, 갈색, 노란색의 오색찬란한 담즙을 토했다. 무지개를 뱉는 듯했는데 담즙과 위액이 섞여 나오면서 식도를 전부 태우는 느낌이었다. 그 후 토끼혈청을 투여했는데 예전에 한 번 맞았다고 거부반응을 일으켜 온몸에 두드러기가 번졌다. 우리 구면인데 이러기 있냐 진짜….

두드러기는 미친 듯이 올라오는데 온몸이 간지러워서 어디부터 긁어야 할지 감을 잡을 수 없다.

긁고 있으면 다른 곳이 가렵고 긁었던 곳은 더 가려워서
미칠 것 같은데 손이 두 개밖에 없다는 게 억울할 지경이었다.

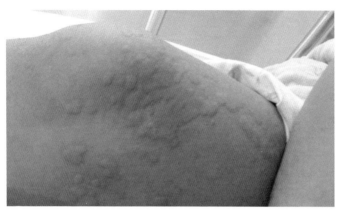

피부를 다 벗겨내고 싶을 정도로 간지러웠던 두드러기

스테로이드 로션을 들이부어도 효과를 보려면 시간이 조금
지나야 했고 긁지 않고는 견딜 수 없었기 때문에 벅벅 긁다가
5분에 한 번씩 토했다. 너무 많이 토해서 갈비뼈가 으스러질
것 같았다. 엄마가 면회 들어왔는데 입만 열면 기다렸다는 듯이
토가 나와서 엄마한테 말 한 마디를 제대로 하지 못했다.

"엄… 우웩."

상태가 말이 아닌지라 신경안정제가 투여되었고
나는 온몸을 긁다가 토를 하다가 결국 맥없이 쓰러졌다.

토끼 혈청

토끼 혈청의 부작용으로는
두드러기, 오한, 고열, 설사 등이 있는데 어느 것 하나
수월한 게 없다. 오한과 고열이 같이 오기라도 하면
인간의 몸이 얼마나 경이로운지 몸소 느낄 수 있다.

목부터 발끝까지는 추워서 덜덜 떠는데 얼굴은 곧 터질 것처럼
시뻘게져서 어찌할 바를 모른다. 더워서 얼음주머니를 끼면 춥고
추워서 핫팩을 끼면 덥다. 시행착오를 거쳐 목 밑으로는 핫팩과
함께 담요와 이불을 두세 겹씩 둘둘 두르고 얼굴은 얼음주머니를
양 옆으로 놓고 볼을 대고 있는 괴이한 상황을 연출하게 된다.
제일 싫은 부작용은 설사인데 혈청을 등에 업은 설사는

기침이나 구토처럼 배에 힘이 들어가는 행동을 할 때마다
내 의지와 상관없이 세상의 빛을 본다.
그렇다, 지린다는 말이다.

수치스럽지만 이미 내 몸은 고열, 오한, 두통, 구토,
두드러기가 동시다발로 일어나고 있는 중이라 부끄러움을
느낄 정신이 없다. 사시나무 떨듯 덜덜 떨면서 온몸을 긁다가
배에서 신호가 오면 침대 난간을 잡고 몸을 질질 끌어서
침대 바로 옆에 놓인 간이변기에 앉는다.

그 상태에서 세숫대야를 붙잡고 죽어라 토를 한다.
말 그대로 위아래로 쏟아내는 상황인데 그때 내 몸에 대한
통제력을 완벽히 잃었다는 걸 느꼈다. 내가 할 수 있는 거라고는
침대와 간이변기를 오고 가는 것. 그 외에는 그저 몸이
반응하는대로 감당하고 있을 수밖에 없었다.

조금 움직이는 것도 힘에 부쳐 결국 성인용 기저귀를 찼다.
이 나이에 기저귀를 차고 이렇게 깊은 안식을 느낄 줄이야.
빵빵해진 엉덩이로 침대 위를 데구르르 구르며 생각했다.
이 모든 게 혈청을 투여한 첫 날 일어난 일이라니,
말도 안돼.

드디어 이식일

이식 D-DAY

수혜자가 전처치[10]로 짐승 같은 시간을 보내고 있을 때
공여자는 수혜자의 근처 병원에 입원해서 헌혈하듯이 피를
뽑는다. 채취한 피는 원심분리기를 이용해 골수만 따로
분리하고 나머지 성분들은 다시 몸에 넣어준다.

그렇게 채취한 골수는 수혜자가 있는 병원까지
구급차로 이송한다. 수혜자와 공여자는 같은 병원에 입원할 수
없다는 게 원칙인데 어떤 형태로든 마주칠 수 있는 희박한
확률마저 배제하겠다는 의지가 엿보이는 시스템이다.

---

10. 항암, 방사선 조사, 혈청 투여 등 이식 전에 필요한 처치를 말함

이송하다가 사고라도 나면 환자는 어떻게 되는 걸까?
이송 중에 일어날 수 있는 다양한 변수보다 수혜자와 공여자의
가족 및 지인이 서로를 알아 볼 확률이 더 높다고 보는 걸까?

이식 첫 날,
나는 신경안정제에 취해서 정신이 오락가락하는 바람에
골수가 예정보다 한 두시간 정도 늦게 도착한 줄도 몰랐다.
기절한 내 옆에서 엄마 혼자 애타게 기다렸는데 이식 둘째 날은
컨디션이 훨씬 괜찮아서 당근색 골수가 폴대에 걸리는 순간과
히크만 라인을 타고 가슴 중앙으로 들어오는 순간까지
놓치지 않았다.

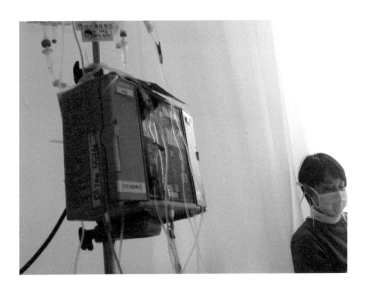

이 순간은 다시 오지 않을 거라며
'뇌야, 기억해! 이건 꼭 기억해!' 라며 세뇌를 시켰다.
덕분에 아직도 생생히 기억난다.

이식의 길은 멀고도 험했다.
며칠 동안 아무것도 먹지 못해 속이 쥐어뜯기듯 쓰렸다.
속 쓰린 게 이렇게 아픈 건지 몰랐다. 위에 구멍이 뚫릴 것
같다는 건 이런 느낌이구나. 짜먹는 위보호제를 주는데
맛이 없어서 먹다가 토한다. 위를 보호하려다가 더 아프게
만들다니 시트콤이 따로 없다.

뿐만 아니라 항암 후에는 오감이 예민해져서
공기 냄새, 사물이 가진 냄새, 사람의 체취, 투여된 약물 냄새와
물 비린내마저 느낄 수 있다. 비위도 극도로 약해진다.

도저히 이렇게는 못 살겠다며 패기 넘치게
이식을 외친 게 엊그제 같은데 이 정도로 힘들 줄이야.
그래도 후회는 하지 않는다.

미리 알았어도
분명 같은 결정을 했을 것이므로.

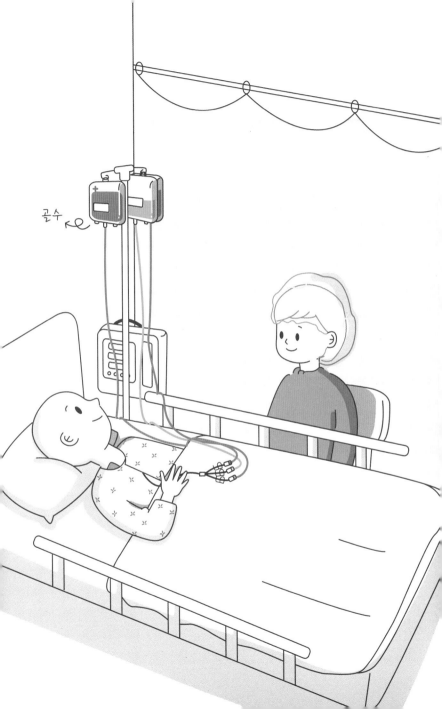
곡수

눈물의 미역국

이식 D+4

먹은 거라곤 얼음이 전부인 게 정확히 열흘째 되는 날.
얼마 전 들어온 앞 침대 환자의 식사 냄새가 웬일로 역겹지
않고 향기로운 게 아닌가! 항암으로 비위가 상할 대로 상해서
밥은 고사하고 물도 비려서 못 마시던 게 불과 며칠 전인데
오늘은 밥 냄새가 정말 고소했다.
오, 내 후각 무슨 일이야.

쓰린 속을 달래기 위해서, 내가 살기 위해서는
뭐라도 먹어야 했다. 죽이나 누룽지를 먹을까 하다가
아무 맛도 안 날게 뻔해서 저녁밥을 신청했다.

미역국은 항상 선택 가능했으므로 간호사에게
꼭 미역국으로 달라고 신신당부했다. 면회 들어온 엄마한테
한 시간 동안 먹고 싶은 음식 이름만 줄줄 읊을 정도로
배가 고팠다. 내가 밥을 먹겠다고 하자 엄마는 면회 끝나고
병원에서 기다리다가 무균실 창문으로 밥 먹는 거 보고
집에 간다고 했다. 눈이 펑펑 오는 날이었는데 엄마는
추위 따위는 신경도 쓰지 않을 정도로 기뻐했다.

침 흘리며 음식 이름만 늘어놓던 점심이 지나가고
저녁시간이 다가올수록 심장이 빠르게 뛰었다.
티는 안 냈지만 미역국이 정말 먹고 싶어서 머릿속엔
온통 국을 입에 떠 넣을 생각밖에 없었다.

드디어 애타게 기다리던 저녁시간이 되었고
자동문이 열리자마자 반사적으로 쳐다봤는데 세상에,
간호사가 B식을 들고 들어오는 것이다.

B식 :
밥 냄새가 역겨운 항암 환자들을 위해 냄새가 덜한 감자,
고구마, 삶은 계란, 누룽지, 크래커 따위로 이루어진 식단

…내 미역국 어디…?

"어… 선생님, 저 밥 시켰는데요…."

"응? B식으로 돼있던데?"

"아닌데… 미역국 달라고 했는데…."

떨리는 목소리로 재차 물었다. 저 밥 신청했는데…
그럴 리가 없는데… 두 번이나 확인했는데…!

어디선가 주문이 잘못 들어간 모양이었다.
이미 밥때가 지나서 변경이 안 된다는 말을 듣자마자
맥이 탁 풀리면서 눈물이 쏟아졌다. 내가 이 나이에
미역국 못 먹는다고 운다. 울면서도 창피했지만
살면서 이렇게 서러운 적이 없었다. 차마 간호사 앞에서
뱉기는 부끄러워 속으로 한탄했다.

나 미역국 진짜 먹고 싶은데, 엉엉…. 나 열흘 굶었다고.
왜 하필 오늘 주문이 잘못 들어가냐고.
나한테 왜 그러냐고. 엉엉….

창문으로 보고있던 엄마가 놀라서 전화를 했다.
밥이 왔는데 왜 우느냐고. 엄마 목소리를 듣자 서러움이
배가 돼 거의 통곡을 하면서 대답했다.

"엄마, 밥이 왔는데 주문이 잘못 들어갔나 봐.
B식이 왔어…."

나만큼이나 속이 상한 엄마가 조리과에 사정을 설명하자
나이가 어린 학생이니 새로 해준다고 한 모양이었다.
상황을 전달받은 나는 어쨌든 미역국을 먹을 수 있다는 생각에
훌쩍이며 간이 식탁을 세워두고 기다렸다.

인고의 30분이 흐르고 드디어 미역국 딸린 밥이 들어왔다.
멸균식은 철밥통을 2중, 3중으로 쪄내서 모든 식기가
굉장히 뜨거운 상태로 오기 때문에 바로 먹을 수 없어서
조금 기다려야 했다. 음식을 앞에 두고있으니
배가 있는 힘껏 꼬르륵거렸다. 그래, 나도 먹고 싶어….

마음이 급해져 절로 떨리는 한 쪽 다리와 갈 곳 잃은 내 눈동자.
멸균식을 물끄러미 보다가 고개를 돌려 창밖에 있는 엄마를
쳐다보았다. 추위에 볼이 빨개져 함박눈을 그대로 맞고 있는
엄마가 웃으며 얼른 먹으라고 손짓했다.

엄마 한 번 보고 수저 한 번 만져보고, 엄마 한 번
수저 한 번 번갈아 보다가 5분쯤 지나 식기가 조금
식자마자 바로 미역국을 입에 떠 넣었다.

美!!!! 味!!!!

…아, 행복해!
열흘 굶고 밥을 먹었더니 음식의 참맛을 느끼는 기분!
만화 〈요리왕 비룡〉에서는 맛있는 걸 먹으면 후광이 비치고
눈이 번쩍 뜨이는데 딱 그런 느낌이었다. 미각천재가 되어
음식재료를 하나하나 맞출 수 있을 것만 같았다.

다른 반찬은 쳐다보지도 않고 오로지 미역국만 떠먹었는데
너무 오랜만에 먹은 탓에 금세 배가 불렀다. 억울했다.
난 더 먹고 싶은데! 더 먹을 수 있는데!

항암환자가 밥을 먹기 시작했다는 건
회복을 알리는 신호탄이다. 음식이 들어가니 몸에 생기가 돌고
눈빛에 힘이 생기는 게 즉각적으로 느껴져 곧 무균실을
탈출할 수 있다는 확신이 들었다. 당장 내일부터
영양제를 떼고 맛없는 위보호제도 안 먹을 것이다.

나는 이제 밥을 먹을 수 있으니까!

미역국이다...

무균실에서
탈출하다

무균실에서는 항상 뜨겁게 끓인 물을 가져다주는데,
좀 식을라치면 귀신같이 새로 끓인 물로 바꿔주기 때문에
시원한 물을 마실 수가 없다.

차가운 물이 너무 마시고 싶었던 어느 날
간호사에게 부탁해 한 컵을 받았다. 신이 나서 벌컥벌컥
마시고 컵을 내려놓자마자 그 자리에서 그대로 토했다.
물을 넣으면 물을 토하는 자판기처럼.

…아, 나는 뭐 하자고 물을 마셨을까.
이럴 줄 알고 한 컵만 가져다 준 건가.

항암치료를 하고 나니 물에서도 비린내가 나고
종이컵 냄새도 역겨웠다. 입덧할 때 이런 기분인가? 그
렇다면 임신과 출산을 쿨하게 포기해야겠다.
이렇게 매일 구토를 하고 있지만 항암 직후에 비하면
이 정도는 양호한 편이라 꽤 살 만했다.
지난날의 미역국 감동은 이미 끝나서 이제 다른 음식이
먹고 싶어졌다. 역시 인간은 간사해.

백혈구 촉진제를 보름 가까이 맞고 있음에도 불구하고
백혈구는 지조 있게 0을 지키고 있었다. 심지어 맞은편 환자가
나보다 일주일 늦게 입원했는데 백혈구가 더 빨리 올랐다.
나는 오늘도 0인데 저 분은 무려 300이 떴다.
이렇게 부러울 데가….
일주일 먼저 입원한 보람이 없군.

다들 촉진제 맞고 온몸의 근육과 뼈마디가 쑤셔
진통제도 맞고 마약패치도 붙였다던데 나는 왜 아무 반응이
없는 거지. 환자들 사이에서는 허리가 끊어지듯 아파야
백혈구가 오른다는 속설이 있는데 나는 팔다리가 조금
결리는 거 말고는 너무 멀쩡해서 불안해지기 시작했다.

뭐야, 이식 안된 거 아냐…?

내 걱정이 무색하게 일반 병실로 옮기는 날이 되었다.
사방에 비닐커튼이 쳐져있는 침대에서 20일 동안 있었더니
나가고 싶어 미칠 지경이어서 아침부터 호들갑을 떨었다.
간호사가 자동문을 열고 들어오며 이제 나갈 준비를 하자고
했다. 심전도 기계를 떼어낸 후 마그네슘인지 칼슘인지가
달려있는 폴대를 끌고 무균실 입구까지 나왔다.
기쁨과 설렘이 폭발하는 기분이라 어찌할 바를 모르고
난리법석이었다.

"선생님! 수액 얼른 떼 주세요! 저 나갈 거예요!"

간호사도 덩달아 급해져 얼른 떼 주겠다며
잠시만 기다리라고 했다. 약이 제거되는 동시에
무균실 문이 열리는데 길게 펼쳐진 일반 병실 복도가
그렇게 넓고 아름다워 보일 줄이야!

조용한 혈액병동에서 / 별안간 / 무균실이 열리더니
빡빡머리 여자애가 / 복도를 가로지르며 / 뛰쳐나왔다 하더라

이것이 바로 자유인가.
다리근육을 쓴다는 게 이렇게 행복한 것이었나!

곧장 배선실[11]로 달려가 얼음이 많은지 확인부터 하고
병실로 향했다.

당장 6인실이 없어서 한동안 2인실을 써야 했다.
마음을 가라앉히고 짐을 정리하면서 엄마를 기다리고 있는데
아까 무균실에서 뛰쳐나온 애가 누구냐며 다른 병실에서
보호자들이 삼삼오오 모여서 구경 왔다.

어…. 그거 전데요.

---

11. 환자의 식사를 준비하거나 식사 후의 식기를 수집, 세정, 소독하는 방.
   전자레인지, 제빙기 등이 있음

편지

하수연 님

드디어 일반 병실로 퇴실하는 날이 왔네요!
무균실에서 항암제 맞으면서 많이 힘드셨죠?
울렁거림 때문에 많이 힘드셨을 텐데
잘 견뎌주셔서 감사해요.

항상 밝고 긍정적인 모습을 보여주는
하수연 님을 보면서 간호사들이 오히려
힘이 더 났어요. 그동안 보고 싶었던
가족들 얼굴도 실컷 보시고
더욱더 힘을 내시길 바랄게요.

저희 모두 하수연 님이
건강한 모습으로

퇴원하시는 날을
기다리고 있겠습니다~

파이팅!

항상 건강하고
행복하세요.

- 무균실 간호사 일동 -

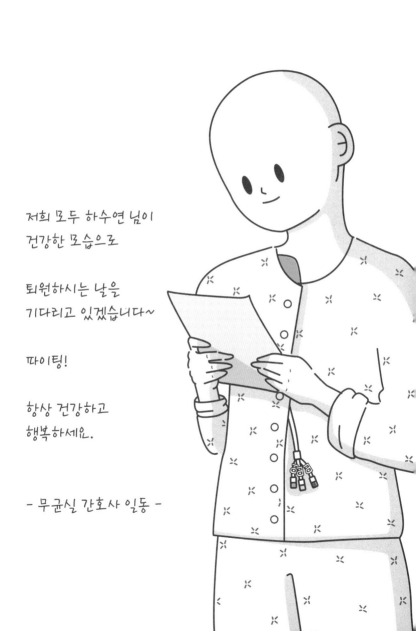

미각을
잃었어요

식사는 항상 멸균식이 제일 먼저 오고 그 다음으로
저균식, 일반식 순으로 온다. 정확히 오전 6시 50분이 되면
깜깜한 병실의 적막이 깨진다.

"하수연님, 멸균식입니다~"

다들 자고 있는 시간이라 배식해주는 분이
조용히 내 이름을 부르며 침대 옆에 멸균식을 두고 간다.
어두컴컴한 병실에서 홀로 깨 앉아 뜨거운 철밥통을 쳐다보고
있으면 사육당하는 느낌마저 든다. 병실 불도 안 켜졌는데
어떻게 먹어요….

진저리나는 철밥통. 멸균식은 간과 양념을 거의 하지 않아
재료의 순수한 맛을 극단적으로 느낄 수 있는데
맛도 맛이지만 항암으로 입맛이 변한 탓에 제대로 먹기가
힘들다. 그래도 식단이 궁금해서 손을 환자복 앞자락으로
감싼 후 뜨거운 철그릇을 슬쩍 들춰 보는데 대개 하나씩
열어볼 때마다 '으엑' 하고 닫아 버린다. 매일 비슷한 반찬이
나오는 걸 알면서 왜 열어보는지는 나도 모르겠다.
오늘은 맛있는 반찬 하나쯤은 있지 않을까, 하는 기대일까.

입맛이 변했다는 건 지독한 코감기에 걸렸을 때처럼
아무런 맛을 못 느끼는 것이 아니라 모든 음식이 내가 알던
맛과 전혀 딴 판이 된다는 뜻이다. 얼큰한 라면 국물이
먹고 싶어 끓였더니 국물이 설탕 한 포대를 들이부은 것처럼
달기도 하고 달아야 할 과자에서 신 맛이 나기도 한다.
한 마디로 내 혀가 미쳤다.

모든 음식이 해리포터에 나오는 '모든 맛이 나는 젤리'처럼
느껴진다. 심지어 아무 맛이 나지 않아야 할 물에서는
비린내가 나는데 이래서 항암 환자가 살이 쭉쭉 빠지는구나
싶었다. 도무지 먹을 수 있는 게 없는데
살이 안 빠지고 배길 리가!

먹고 싶은 음식의 맛을 온전히 ㄴ끼며
맛있게 먹을 수 있다는 건 정말 행복한 일이었다.

호중구 수치에 따른 허용 음식을 일일이 찾아보고
감염을 걱정하며 의료진에게
"너무 먹고 싶은데 진짜 조금만 먹으면 안될까요?" 라며
애원할 줄 알았다면

음식을 앞에 두고 '이거 먹으면 살찔까?' 같은
걱정 따위는 하지 않았을 것이다.

샤워하는 방법

무균실에서는 화장실에서 샤워를 했지만
일반 병실에는 샤워실이 따로 있어서 차례로 이용 가능하다.
히크만에 물이 들어가면 염증을 유발할 수 있어
신중히 씻어야 하므로 샤워하는 과정이 만만치 않다.

히크만 달고 샤워하는 법

준비물 :
세숫대야, 부드러운 때밀이, 바디워시, 수건, 새 환자복

1. 아침에 미리 새 환자복을 받아둔다
2. 간호사가 작은 비닐과 테이프를 가져온다
3. 비닐봉지에 히크만을 주워 담고
4. 입구를 여러 겹으로 접고 접어서
5. 어깻죽지에 대고 테이프를 치덕치덕 붙인다
6. 미이라를 방불케하는 모습으로 샤워실로 향한다

먼저 들어간 사람이 아직 나오지 않았을 때는
샤워실 앞에 세숫대야와 짐을 놓고 자리를 찜 해놓은 후
복도를 한 바퀴 돌고 오면 대부분 비어있다. 새 환자복과
수건을 서랍장에 넣고 옷을 벗으면 온몸으로 환자라고
주장하는 내 모습을 마주하게 된다. 항암으로 거뭏게 탄
피부와 근육이 다 빠진 몸….

샤워할 때마다 엄마한테 "엄마, 내 피부 많이 까매졌어?" 라고
물었는데 엄마는 그때마다 "응? 아니, 별로 티 안나." 라고 했다.
나는 그 말을 철썩같이 믿고 "오, 역시 나는 이식 체질인가 봐."
라며 뿌듯한 마음으로 샤워를 했는데 알고 보니 거짓말이었다.
퇴원해서 안경을 쓰고 제대로 보니 피부가 거무죽죽한 것이
어떻게 봐도 항암치료 받은 사람이었다.

샤워할 때에는 히크만을 넣어둔 봉지에 물이 들어가지 않게

조심히 씻어야 하는데 간호사가 붙여주는 테이프는
부직포처럼 얇고 부드러워서 습기가 조금만 차면
곧바로 떨어지기 때문에 빨리 씻어야 한다.

씻는 내내 히크만 걱정뿐이라 목은 거의 씻지 못해서
때가 쌓여가는 기분이지만 어쩔 수 없다. 항암 후에는 피부가
굉장히 약해져서 극세사 타월로 피부를 훑듯이 씻어줘야 한다.
때를 미는 게 아니라 바디워시 거품으로 씻는 느낌으로.
사실 샴푸는 필요없다. 바디워시로 빡빡머리까지
같이 씻는다. 어차피 다 같은 피부니까.

샤워가 끝나면 온열기를 켜놓고
플라스틱 의자에 앉아서 빳빳한 환자복으로
갈아입는다. 베일 듯 날이 선 환자복을
입고 바짓단과 소매를 두 번 착착
접어 올려주면 누가봐도 방금
샤워하고 나온 사람이 된다.

언젠가 히크만을 빼는 날
목의 때를 벅벅 밀어버릴 것이다.

탈피

항암제가 많이 독하긴 한가보다.
피부가 얇게 뜨면서 한꺼풀씩 벗겨지고 있는데
안 뜨려 해도 공기방울처럼 하얗게 올라와 있는 걸 보면
자연스레 손이 향한다.

골수이식을 하면 새로 태어나는 거라던데
정말 그런 기분이 든다. 허옇게 뜬 손톱과 발톱이
건강한 붉은빛을 띄며 새로 자라고 머리카락은 배냇머리처럼
솜털이 자라고, 거멓게 탔던 피부도 벗겨지고 있다.

내 몸에서 얼마나 큰 변화가 일어나고 있는 걸까.

보이는 게 이 정도인데 몸 안에서는 또 얼마나
열심히 일을 하고 있을까. 새 골수 맞이하느라 정신없는
내 몸이 더없이 고마웠다.

지구상의 많은 생명들이 허물을 벗고 탈피를 하며 성장한다.
나는 앞으로 몇 번이나 더 허물을 벗어야 할 지 모르겠지만
그 시간만큼 건강해지고 단단해질 거라 믿는다.

백혈구

환자가 하루 중 제일 기다리는 시간은 바로 회진시간이다.
제일 긴장되고 기대되는 시간이면서 기대가 무색하게
실망하거나 기적같은 소식을 듣게 되는 순간이다.

정작 의료진을 마주하는 시간은 3분도 채 안되지만
내 몸 상태와 의료진의 소견을 직접 듣는 시간인만큼
숙제검사를 기다리는 마음으로 자리를 지킨다.

나는 미어캣처럼 계속 병실 입구를 기웃거리다가
의료진이 우르르 걸어 오면 후다닥 돌아와
내 차례를 기다리곤 했다.

이식 후 꽤 오랜 시간이 지났는데도
매일같이 백혈구가 0이던 어느 날, 점심을 먹고 노곤한
상태로 잠에 들락말락하고 있는데 교수님과 의료진이
우르르 들어오더니 나를 부르며 말했다.

"수연아! 백혈구 올랐다! 100이다!"

"정말요? 진짜요?! 100이요?!!"

촉진제를 맞은 지 보름 만에 백혈구가 떴다!
교수님이 이렇게 기뻐해 주실 줄이야. 선생님들이
이제 쭉쭉 오를 거라고 그동안 고생했다고
토닥토닥해주고 가셨다.

보름 만에… 보름 만에 백혈구가 떴어!
드디어 골수들이 생착해 꿈틀거리기 시작했습니다, 여러분!
흐흐, 백혈구가 오르기 시작했으니 퇴원은 시간문제군.
밥 잘 먹어서 하루빨리 탈출할 테다.

이 기쁜 소식을 엄마, 아빠에게 전달하고 실실거리며 누웠다.
그 뒤로 쭉쭉 오를 거라 생각했는데 기대와 달리
백혈구는 3일 동안 100을 넘지 못했다.

'왜 안 오르지' 하고 조바심이 나던 차,
교수님과 의료진이 또 우르르 들어오더니
대뜸 문제를 내셨다.

"수연아, 오늘 백혈구 몇인 줄 아니?"

"네? 몇인데요?"

"300이다!"

"우와!!"

교수님은 이제 막 오를 거라며 너털웃음을 짓고 나가셨다.

오늘은 행복한 날이군.
수치가 잘 나와서 신난 발걸음으로 샤워를 하고
엄마가 빨래하러 집에 간 사이에 복도를 발발 걸어 다녔다.
창문으로 바깥을 보며 지나다니는 사람들을 구경했다.

나도 불어오는 바람 좀 맞아보고 싶다. 나도 광합성 하고 싶다.
나도 커피 마시고 싶다. 나도 머리카락 휘날리며 걷고 싶다!
나도 마스크 벗고 친구들이랑 수다 떨고 싶다!

한껏 부러워하고 난 후 배선실에 가서
얼음 한가득 퍼 와 온몸에 얼음찜질을 하고 있으니 엄마가 왔다.
무균실에 있을 때는 엄마한테 먹고 싶은 음식을 읊었는데
일반 병실로 오고나서부터는 퇴원하면 하고 싶은 일을 읊었다.

엄마는 맞장구를 쳐주며 그러기 위해서는 잘 먹어야 된다고
말했다. 밥 잘 먹는 사람이 수치도 좋고 체력도 좋아서
제일 빨리 퇴원하기 때문이다.

나는 얼른 퇴원하겠다는 일념으로
멸균식을 뚝딱뚝딱 해치웠다.

상승세

이식 D+21

백혈구 촉진제의 효과는 굉장했다.

오늘 내 수치를 보고 내 이름이 맞는지 다시 한 번 확인했다.

백혈구가 3900, 호중구는 무려 2964라는데 믿을 수가 있어야지.

촉진제 맞고 보름 동안 반응이 없어서

촉진제 네가 하는 일이 도대체 뭐냐고 투덜거렸는데

사과해야겠다. 혈구를 이만큼 펌프질 할 수 있다니 놀라워라!

더 기쁜 건 적혈구가 수혈없이 제 힘으로 10.1에서 11.4로

혼자 오른 것이었는데(환자에게 10.1과 11.4의 차이는

엄청나다) 그날 교수님이 회진 돌며 말했다.

"오~ 수연이~ 수치 많이 올랐더라. 축하한다.
자력으로 오른 게 얼마 만이더라~?"

"처음이에요!"

"잘하고 있다. 곧 퇴원하겠는데~?"

골수야, 들었지! 너 잘하고 있대!
퇴원이 정말 머지않은 기분이었다. 투여하던 약물 대부분이
먹는 약으로 바뀌었는데 이거야 말로 퇴원이 가까워지고
있다는 징조였다.

밥을 잘 먹어서 체력이 좋아진 덕분에 매일같이 병동 복도를
돌아다니고 배선실을 왔다갔다 했더니 다른 병실에서
쟤는 도대체 뭔데 저렇게 쌩쌩하게 돌아다니냐고 했단다.

그도 그럴 게 보통 항암과 MTX[12]는 입 안과 항문처럼
연한 점막부터 헐게 하는데 나는 가글도 열심히 안 한 주제에
입 안도 멀쩡하고 항문도 평화로웠다. 덕분에 나이롱 환자로
오해 받을 정도로 열심히 돌아다닐 수 있었다.
정말 운이 좋은 케이스다.

---

12. 이식편대숙주반응 예방 주사

단호한 위장

이틀 동안 속이 부대껴서 계속 토했는데 그 원인을 찾아냈다.
화장실에서 예기치 않게 구역질이 올라와 세면대에 얼굴을
묻었는데 하얀 게 또르르, 또르르, 또르르하며 떨어지는 게
아닌가. 잭팟이라도 터진 줄 알았다.

나는 토하면서도 '저게 뭐지?' 라고 생각했고
옆에서 보던 엄마는 이가 떨어지는 줄 알았다고 했다.
또르르 떨어진 놈들의 정체는 전혀 소화되지 않아
표면에 영어까지 선명하게 새겨져 있는
마그네슘 세 알이었다.

삼시세끼마다 손가락 한마디 정도 되는 길이의
마그네슘을 두 알씩 먹었는데 위에서 제대로 소화를
시킬 수가 없었는지 자꾸 올려보낸 것이었다.
생으로 마그네슘 세 알을 뱉어낸 나는 그것들을 씻은 후
휴지에 곱게 싸서 담당간호사에게 보여줬다.

"선생님, 저 토했는데 마그네슘이 생으로 나왔어요.
아마 얘들 때문에 며칠 동안 토했나봐요."

"어머, 이게 뭐야?"

담당간호사는 신기했는지 옆에 있는 다른 간호사들을 불렀고
우리는 옹기종기 모여 복도 한복판에서 다 같이 신기해했다.
그 뒤로 마그네슘만 다시 약물로 처방이 떨어졌다.

덕분에 위장이 평화를 찾았는데 생각해보니 퍽 귀여운 것이다.
나 애 소화 못하겠으니 작작 좀 먹어라! 라며
앙칼지게 올려보내는 단호함이라니.

아, 멋진 나의 위장.

항암,
그 은밀함에 대하여

화장실에서 아무 생각없이 속옷을 내렸다가
눈앞에 펼쳐진 상황에 충격을 받았다. 항암을 하면
머리카락 뿐만 아니라 온몸의 털이 랜덤으로 빠진다는
사실을 미처 생각하지 못한 것이다. 왜 이런 중요한 사실을
아무도 나에게 알려주지 않은 거지.

쥐도 새도 모르게 브라질리언 왁싱을 당한 느낌에
잠시 사고가 정지했다가 '항암 때문인가 보다…' 하고
안도의 한숨을 내쉬며 나왔다. 머리카락이 빠진다는 건
눈썹, 속눈썹, 음모는 물론이고 겨드랑이, 팔,
다리 털까지 빠질 수 있다는 말이었는데

나는 정말 머리카락 하나만 생각했다. 놀랍기도 하고
어이가 없기도 해서 피식피식 웃으며 엄마한테 말했다.

"엄마, 나 어릴 때로 돌아간 거 같아.
이 느낌 굉장히 그리우면서도 신선해."

"좋겠네~"

왠지 '퍽이나'가 생략된 느낌이었지만 나는 만족했다.

언젠가 내가 항암에 대해 말할 일이 있다면
아무도 알려주지 않은 항암의 영향력을 꼭 이야기하겠다고
다짐했다. 항암제는 생각보다 작고 별 것 아니어보이지만
의외로 강력하고 은밀했노라고.

배선실 죽순이

몸에 열이 많은 나는 찜질할 얼음을 퍼 담으러 하루에
너덧 번 정도 배선실에 가는데 갈 때마다 분위기가 달라서
늘 새롭고 짜릿하다. 상황은 크게 4가지로 나눌 수 있다.

1. 아무도 없을 때

슬그머니 갔는데 아무도 없을 때 이유 모를 희열이 느껴진다.
얼음이 모두 내 것 같은 기분이 들어서일까. 제빙기 뚜껑을
열어젖히고 얼음덩어리를 스쿱으로 퍽퍽 치면서 스트레스를
푼 다음 얼음주머니 두 개를 가득 채워서 나온다.

2. 누가 말 붙일 때

면역치료받을 때는 유독 보호자들이 말을 자주 걸었는데
혈액질환 병동에서 여자애가 혼자 새카만 머리카락을 살랑이며
얼음을 쳐부수고 있는 모습이 흔하지 않아서 호기심에 말을
붙이는 것 같았다.

이식받고 나서도 종종 그런 일이 있었다. 아무래도 병원에
있다 보면 너도 아프고 나도 아프고 우리 모두 다 아프다는
생각이 있어서인지 서로 스스럼없이 말을 거는 편이다.
혈액질환 환자들은 대부분 백혈병이다.

3. 식사시간

식사시간 때는 사람이 많다. 전자레인지를 쓰기 위해 대기하는
줄이 길기 때문이다. 면역이 낮은 환자는 3분 카레 같은
레토르트 식품은 제한 없이 먹을 수 있어서 입맛 없는 환자를
위해 보호자들이 이것저것 데워서 먹이곤 한다.
엄마도 긴 줄을 선 끝에야 내가 먹을 음식을 한번 데우곤 했다.
하지만 나처럼 오직 제빙기에만 볼 일이 있는 사람은 많지
않아서 식사시간에도 수월하게 제빙기를 쓰고 나올 수 있었다.

보호자들이 모이면 서로 돌보고 있는 환자 상태와 병실의 상황을
얘기하며 다른 병실에 있는 환자들의 근황을 알아가곤 한다.
사람이 모이는 곳은 어디든 말이 돌고 도는 법이다.

4. 환자를 마주칠 때

이상하게 배선실에서 환자를 만나는 일은 드물다.
나만 빨빨거리고 돌아다니나. 얼음주머니를 옆구리에 끼고
배선실에 들어갔는데 환자복 입은 사람이 링거를 꽂고
라면 따위를 전자레인지에 돌리고 있으면 친밀감이 샘솟는다.
병동은 평균 연령대가 높아서 그동안 이모, 삼촌들밖에
못 봤는데 얼마 전에 또래 여자애를 만났다.

나 : …!

여자애 : …!

말하지 않아도 알 것 같다.
분명 저 여자애도 '여기에 내 또래라니!' 같은 생각을 하고
있을 거다. 배선실 안에 적막과 긴장이 흘렀다.

서로가 궁금한데 말을 걸기엔 뻘쭘했다. 얼음을 퍼 담고
제빙기 뚜껑을 내리며 여자애를 슬쩍 쳐다보고 밖으로 나왔다.
다음에 마주치면 말을 걸어봐야겠다고 생각했다.

나에게 배선실은 빛과 소금 같은 존재였다.

얼음주머니 두 개를 빵빵하게 채우고 병실로 돌아와
얼굴에 하나, 몸에 하나 끼고 있으면 그래도 얼음이 있어
다행이라는 생각이 들었다.

씹어먹을 얼음은 끓이고 식힌 뒤 얼려야 하기 때문에
양이 적어서 나는 일반 병실로 나온 후
매일같이 다른 병실에 얼음동냥하러 다녔다.

병원에 와서 얼음이나 구하러 다닐 줄은 몰랐지만
어쨌든 더운 병원에서 버틸 수 있었던 건
다 얼음 덕분이었다.

백혈구 촉진제의 습격

이식 D-25

밤 12시.
수면제를 맞고 잠들었는데 별안간 깨버렸다.
주변이 너무 소란스러운 탓이었다.

수면제 때문인가, 왜 이렇게 정신이 없지.
막연히 생각하다가 소란의 원인을 알아냈다.
그건 내 입에서 나오는 울음에 가까운 신음이었다.
눈을 떴더니 내가 이리저리 뒹굴고 있었다.

이 시끄러운 소리를 내가 뱉는 거란 걸 깨닫는 순간부터
엄청난 고통이 밀려왔다. 너무 아프다.

명치부터 식도까지 수천 갈래로 찢어지는 고통이었다.
정확히 어디가 아픈지는 모르겠는데 아파서 정신이 하나도 없다.
숨을 크게 들이마시면 분명 죽을 거라는 확신마저 들어
본능적으로 최대한 길고 가늘게 숨을 들이마시며
엄마한테 전화를 걸었다.

'…고객님께서 통화 중이오니…'

툭. 마지막 끈이 끊어진 듯했다. 어쩌면 이성일지도.
호출벨이 저 멀리 보이는데 누르러 갈 수가 없다.
천장등이 눈부셔서 항상 머리를 거꾸로 두고 잤는데
그게 날 이렇게 처절하게 만들 줄이야. 하긴 똑바로 누웠어도
팔조차 뻗지 못했을 거다. 엄마에게 다시 전화가 왔지만
받을 수 없었고 무슨 일이 생겼음을 직감한 엄마가 단번에
병실로 달려왔지만 한 마디도 할 수 없었다.

목부터 가슴까지 바늘 수천 개로 쑤시며 심장을 쥐어짜는
느낌인데 제대로 울 수가 없어 끅끅대며 눈물만 흘렸다.
이대로 중환자실 가겠다고 생각했다.

아니, 정확히는 그렇게 느낄 뿐이었다.

간호사들이 우르르 날려왔다.

조용했던 병실이 나 때문에 시끄러워졌다. 신경안정제가
투여됐는지 아파서 정신을 놨는지 까무룩 눈이 감겼는데
다시 눈을 떴을 땐 간호사실 바로 옆에 있는 처치실에서
이동식 엑스레이를 찍고 있었다.

처치실이라니 망했군. 처치실은 중환자실 가기 전에
병실에서 격리되어 잠깐 머무는 곳이라고 생각했기에
눈을 떴을 때는 거의 체념하게 되었다.

또 다시 눈을 감았다 떴을 때에는
영혼 없이 껍데기만 남은 채로 휠체어에 앉아 어디론가
실려가고 있었다. 심장초음파와 심전도, 엑스레이를 찍으러
그 밤에 온 병동을 돌아다녔다. 심장초음파 보는 의사가
누군가에게 "상태가 이렇게 심각한 환자는 침대에 눕혀서
와야지 휠체어에 태워 보내면 어떡하느냐"고 말하는 걸
몽롱하게 들었다. 우리 병동에 전화를 하는 걸까.
다시 눈을 감았다.

내 기억으로는 다음 날 저녁에 눈을 뜬 거 같은데
엄마 말로는 그전에 일어나 "엄마, 여기 어디야…?" 라고
말도 하고 엄마가 떠먹여 주는 밥도 몇 번 받아먹고

본능적으로 찬 기운을 찾아 보호자침대에 철썩 달라붙은 채로
회진 온 교수님과 얘기도 했다고 한다.

"수연아, 어디가 아파~?"

"…(훌쩍)… 아파요…"

"그래, 그래. 어디가 아파?"

"…여기… 명치…. 식도가… 너무 아파요. 저 왜 아파요…?"

"으응, 원인을 알아볼게~ 검사 결과 나오면 알 수 있을 거야.
많이 아프니?"

"…(훌쩍)… 너무 아파요… 교수님… 저 왜 아파요…?"

이상 엄마가 옆에서 들은 대화 내용이다.
얼음주머니를 껴안은 채로 왜 아픈 거냐는 말만
앵무새처럼 반복했다고.

원인은 백혈구 촉진제로 추정된다. 촉진제를 맞고 나면
몸에 근육통이 도지는데 아마 심장 쪽에서 근육이
수축, 이완하다가 저들끼리 타이밍이 안 맞았나 보다.
자세한 건 잘 모르겠지만 그냥 그렇게만 생각하고 말았다.

이… 밍힐 촉진제….
백혈구 수치 올리라고 맞아났더니
수명 단축을 촉진시키다니!

일주일에 걸쳐 회복을 하고 나니
수치가 조금씩 상승세를 보인다며
이제 퇴원해도 좋다고 했다.

드디어 43일만에 병원 탈출이다!

"교수님, 저 왜 아파요…?"

이 고통이 단발성인지 아니면 장기전이 될 숙주반응인지
알고 싶었을 것이다. 그러니 온전하지 않은 정신에도
연신 그것만 물어봤겠지.

숙주반응은 무의식까지 침투한 두려움이었다.

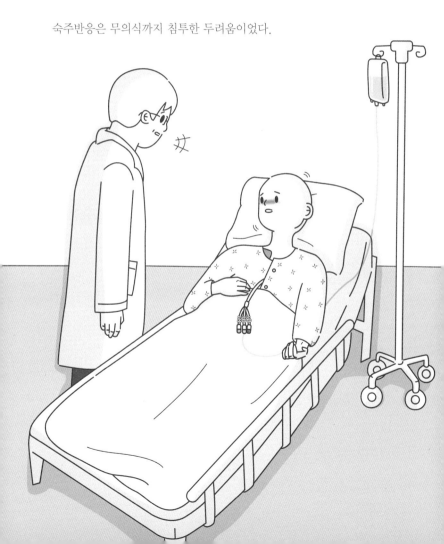

퇴원

이식 D+36

껍질이 벗겨져 붉은 살이 보이는 피부,
근육이 빠져 힘을 줘도 움직이지 않는 다리,

입맛 없어도 살려면 뭐든 먹어야 한다는 의무감으로
손을 댈 수 없을 만큼 뜨거운 멸균식 호일을 풀어내고
반찬을 뒤적이는 손,

가슴 중앙에 꽂힌 히크만을 통해 온갖 약물이
파도처럼 밀려오는 느낌,

약품 냄새가 한껏 배인 마스크를 늘 끼고 있는 것,

어딜 가든지 폴대를 달달거리며 끌고 다닌 것,

반질반질한 머리통을 습관적으로 만져보는 것,

휠체어에 앉아 온 검사실을 쏘다닌 것,

세숫대야에 하얀 비닐을 씌워 언제든 토할 수 있게
머리맡에 두고 자는 것,

소변컵을 보며 몇 cc인지 확인하는 것,

핏기 사라진 허연 손톱을 밀어내고 새로
불그스름하게 자라는 손톱을 보는 것,

면회시간이 끝나 무균실을 나섰지만 내가 보고 싶어
추운 날 밖에서 나를 지켜보던 엄마와 그런 엄마를
무균실 비닐커튼 너머로 바라보는 것,

이 모든 것들이 퇴원과 동시에 꿈처럼 느껴졌다.
정말 내가 병원에 있었나, 내가 이 모든 걸 다 견뎠나.
이제 됐다.

이식이 끝났다.

"엄마, 여기 크리스마스 트리 있다!"

"엄마도 아까 로비에 가서 엄청 큰 트리 봤어."

"진짜? 엄청 큰 트리가 있어?"

"응. 거기에 소원 써서 걸어 놓길래 엄마도 걸었어."

"뭐 썼어?"

"우리 수연이 얼른 건강해져서 집에 가자고."

사랑하는 수연

얼른 수치 팍팍 올라서
엄마랑 집에 가자

항암을 견디고 잘 버텨준 거
고맙고 사랑한다

의료진

항상 나를 어린이라고 불러주던 정든 간호사들과 이별할
시간이 왔다. 나를 동생처럼 자상하게 잘 챙겨주었던 터라
퇴원한다고 인사할 때는 눈물이 나올 지경이었다.
궁금한 게 많아서 이것저것 물어봐도 쉽게 설명해주고
아플 때면 잘 버티고 있으니까 조금만 더 힘내라고
위로해준 선생님들이었다.

특히 무균실에 있는 간호사의 고생은 정말이지 차마 말로
할 수가 없다. 면역이 0에 수렴하는 환자들을 일일이 케어하고,
대소변이나 구토를 제대로 가리지 못할 때도 침대 시트를
갈아주고 흔적을 갈무리하며 그 과정에서 환자의 상태를

가늠해 알맞은 조치를 취하고, 항암과 골수이식을
진행하면서 생기는 응급상황에서도 노련하게 대처하는
간호사들의 모습을 보며 프로페셔널이라는 말은
저 분들을 위해 존재한다고 생각했다.

교수님은 퇴원 후에도 볼 수 있지만
간호사들은 다시 입원하지 않는 한 볼 일이 없기 때문에
정말 아쉬웠다.

그 전까지 나에게 병원은 몸이 좀 아플 때 잠깐 가서 진료
받고 나오던 곳이었는데 투병을 시작하고나서 마주한 병원은
정말 생소했다. 병원에는 정말 다양한 과가 존재했고,
'이 검사로 그런 것도 알 수 있어?' 하고 놀랄 만큼 의학이
발달해 있었다.

여러 군데의 병원을 다니면서 의사와 간호사의 존재를
다시 생각해보게 되었고 그들의 노고에 진심으로 감사했다.

내가 치료를 잘 견딜 수 있었던 건 각자의 위치에서
최선을 다하는 의료진 덕분이다.

신생아

가만히 숨만 쉬고 있는 것도 에너지를 많이 쓰는 일이다.

병원에 있을 때는 워낙 잠이 없어서
퇴원하면 좋다고 뛰어다닐 줄 알았더니 웬걸,
먹고 자고의 연속이었다. 아침 약 먹고 밥 먹고 자고,
점심 약 먹고 밥 먹고 자고, 저녁 약 먹고 밥 먹고 자는 게
갓 태어난 아기의 패턴과 똑같았다.

근육이 다 돌아오지 않아서 커피포트도 한 손으로 들면
팔이 바들바들 떨렸고 산책 가는 날에는 조금만 걸어도
풀썩풀썩 주저 앉았다.

그래도 계속 걸어야 한다.
근육은 찢어지고 다시 붙으면서 강해지니까.

조급해하지 말자.

일주일마다 외래를 가고 매일 한 줌의 약을 먹어야 하지만
어쨌든 나는 살아있고 그 힘든 일을 견뎌냈다.

벌써부터 남들과 같은 일상을
바라지 말자.

하나씩 천천히 하자.
다시 눈부신 삶을 만들 수 있게.

히크만 대소동

방이동 원룸에 돌아온 이후로 히크만 소독을 엄마가 해주는데
할 때마다 전쟁이다. 일단 히크만을 비닐에 주섬주섬 담은 후
잘 묶어서 가슴에 대고 부직포 테이프를 치덕치덕 붙여 몸에서
떨어지지 않게 한다. 후다닥 샤워를 마치고 밖으로 나와
가슴께까지 수건을 덮고 반듯하게 누워 모든 것을 엄마에게
맡기면 엄마는 서랍에서 약봉지를 꺼내 소독 면봉과 헤파린
용액을 차례로 꺼낸 후 가지런히 놓아둔다. 마치 신성한
의식을 올리는 것 같다.

그리고는 히크만 수술 부위에 붙어있는 필름을 천천히
떼어내는데 피부가 얇게 벗겨지는 느낌이다. 필름을 떼고

소독면봉 하나를 집어 든 후에 히크만 수술 부위를 꾹꾹
누르며 소독한다. 살을 뚫고 튀어나와 있는 고무관 입구
부분을 사정없이 누르는데 할 때마다 고통이다.
고무관이 시작되는 부분을 중심으로 둥글게 원을 그리며
소독하다가 중간에 면봉도 바꿔준다. 한쪽 가슴이 소독약으로
물들면 새 필름을 붙이고 그 위에 소독한 날짜를 적는다.
여기까지가 히크만 소독이다.

소독이 끝난 후에는 히크만이 막히지 않도록
헤파린이라는 용액을 주입해야 한다. 간호사가 하듯이
한 번에 잘 안 돼서 엄마가 꽤 어려워했는데 그래도 엄마는
헤파린 주입 교육시간에 칭찬받은 실력이었기 때문에
나는 걱정하지 않았다.

이게 가끔 막혀서 잘 들어가지 않을 때가 있는데 그때마다
엄마는 "후…" 하고 숨을 고르며 자세를 고쳐 잡고 헤파린을
천천히 주입했다. 명치 쪽에서 무언가 뻥 뚫리며 헤파린이
밀려들어오는 것이 느껴지면 엄마도 나도 한숨 돌리며
"오늘도 큰일 해냈다." 하고 웃곤 했다.

이렇게 히크만 소독을 한번 하고나면 기진맥진해진다.
우리 엄마가 나 때문에 이래저래 고생이다.

안녕, 히크만!

나는 비구름의 신인가 보다.
그렇지 않고서야 내가 외래가는 날마다 장대비나 눈보라가
마중 나올 리가 없잖은가. 기다림의 미학 따윈 개미똥구멍만큼도
모르는 나는 몸을 비틀며 1분에 한 번씩 시계를 쳐다보았다.

기다리고 기다리다 드디어 혈액수치가 나왔는데
백혈구와 혈소판이 떨어지고 헤모글로빈만 올랐다.
아, 수치 떨어지면 안 되는데….

그나마 헤모글로빈이 오른 것에 위안을 삼으며
진료실에 들어가자마자 교수님께 외쳤다.

"교수님, 저 수치 떨어졌어요!"

"어~ 이건 내린 것도 아니야, 괜찮아."

이런 긍정의 대명사. 교수님께서는 안 괜찮으실 때가
언제인가요. 알겠다고 끄덕거린 후 수줍게 말문을 뗐다.

"교수님, 저 히크만은 언제 빼요?"

교수님은 아직도 히크만을 달고 있었냐는 표정으로
지금 당장 떼도 좋다고 말했다. 내일모레 제주도에 간다고
하자 사이폴 용량까지 줄여주셨다. 드디어 3개월 동안
달고 다닌 히크만과 이별하는 날이다.

신난 발걸음으로 영상의학과로 가서 환자복으로 갈아입고
기다리고 있으니 내 이름을 불렀다. 간호사가 따라오라더니
관계자 외 출입 금지라고 대문짝만하게 적힌 곳으로
들어가라고 했다. 저는 관계자가 아닌데요….

조심스럽게 들어가보니 예전에 히크만 수술했던 곳이었다.
지난날의 향수를 느끼며 침대에 반듯이 누워있으니
의사가 와서 마취를 하겠단다.

마취라면 ㄱ 국소마취를 말씀하시는 게 맞나요…?
역시나 그 놈이었다. 두 번 맞아도 아팠다.
수술을 시작하겠다며 얼굴을 반대편으로 돌리라고 했다.

곧이어 서걱서걱하는 소리가 나는 걸 보니
피부 안쪽으로 솜뭉치와 피부조직을 고정한 걸
박리시키는 모양이었다. 잘못해서 내 피부를
자르면 어쩌나 생각할 즈음, 의사가 말했다.

"박리 다 끝냈습니다~"

"네."

"이제 숨 잠깐 참아볼까요?"

"(숨…? 숨을 왜 참지…?) 흐읍!"

……촤악!!!!!
숨 참아보라더니 히크만을 한 번에 뽑아내는 바람에
피와 소독약이 얼굴에 튀었다. 고개는 왼쪽으로 돌리고 있었지만
눈은 계속 오른쪽을 보고 있었는데 예상 못한 상황에 경악했다.
내장이 뽑히는 줄 알았다. 놀라서 아픔을 잊은 사이에 봉합이
끝나고 거즈를 붙인 후 모래주머니를 댔다.

다른 손으로 주머니를 누르며 침대째로 끌려 나왔다.
간호사가 나를 복도에 놓고 알람시계를 발치에 두더니
"20분 후에 알람 울리면 지혈 확인하고 보내드릴게요~" 하고
사라졌다. 뜬금없이 복도에 놓인 나는 지나가는 사람들의
시선을 한 몸에 받았다. 나 여기 있어도 되는 건가.
불법주정차한 느낌인데. 20분 동안 사람들과 아이컨택을
하다가 알람이 울린 후 지혈 확인받고 귀가조치 되었다.
달랑거리던 히크만이 사라지니 시원섭섭했다.

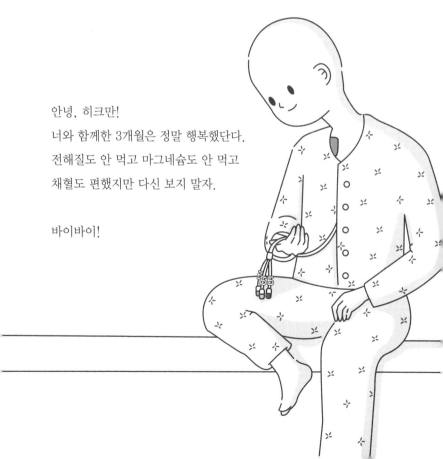

안녕, 히크만!
너와 함께한 3개월은 정말 행복했단다.
전해질도 안 먹고 마그네슘도 안 먹고
채혈도 편했지만 다신 보지 말자.

바이바이!

돌아가다

무균실에 입원하기 하루 전.
김포행 비행기에 올라타 밖을 바라보며 생각했다.

'항암하고, 이식하고, 몸 회복하고…
언제쯤 다시 비행기 타고 제주로 올 수 있을까?
올 땐 어떤 모습일까?
건강한 모습으로 집에 돌아갈 수 있겠지?'

걱정과 설렘을 안고 감행한 이식이었는데
벌써 이식한 지 80일이 지나 곧 백일이다.

까까머리에 깡마른 몸,

항암으로 거멓게 탄 피부가 됐지만
이렇게 멀쩡하게 돌아갈 수 있을 거라곤
상상도 하지 못했다.

내가 집에 온다고 아빠와 동생이 일주일에 걸쳐
집안 대청소를 했는데 아빠가 말하길 차라리
집을 새로 짓는 게 덜 힘들 거란다.

열심히 쓸고 닦은 집에 도착해 2층으로 올라가 보니
내 짐이 모두 박스에 담겨 복도에 놓여있었다.

마치 '이식 전의 네 인생은 여기 모아놨어.' 라고
말하는 것 같았다. 골수를 갈아치운 내 몸만큼이나
깨끗한 방으로 들어갔더니 방이 너무 넓어보였다.

짐을 풀고 침대에 눕자
병원에 있었던 날들이 빠르게 스쳤다.
퇴원 직후와는 또 다른 느낌이었다.

내가 병원에 있었구나.
퇴원해서 제주까지 왔구나….

앞으로 몇 개월 동안은
한 주가 멀다 하고 서울로 외래 진료를
가야겠지만 내 자리로 돌아왔다는 사실이
나를 기분 좋게 만들었다.

모든 게
생각보다 잘 지나가는
느낌이 들었다.

4 장

나는
그러지
말았어야
했다

: 네가 왜 한 게 없어?

너 몇 년 동안
병이랑 싸우면서
이겨냈잖아.

살아남았잖아.

그러니까 그게
어떻게 된 거냐면…

"*학교 그만두겠습니다.*"

담임선생님은 기가 막힌 표정으로 나를 쳐다보았다.
중학교에 입학한 지 고작 6개월 된 학생이 할 말은 아니라
생각하신 모양이었다. 선생님은 당장에 부모님을 모셔오라고
했다. 그럴 만했다. 제주도 리 단위 동네에서 자퇴라니
말도 안 되는 일이었다.

다음 날 부모님이 학교에 오셨고 학교 측과 여러 달에 걸친
대립 끝에 정원 외 관리 대상자로 학교를 나올 수 있었다.

짧은 문장으로 정리했지만
실제로는 시간이 꽤 오래 걸린 일이었다. 마지막으로
사물함을 정리하는 내 옆에서 친구들이 가지 말라고 울던 게
기억난다. 바로 옆 동네 사는데 뭐가 그렇게 아쉬워서
나를 눈물로 보냈을까. 박스를 들고 교문 밖을 나설 때의
풍경이 아직도 생생하다. 짐을 싣고 차에 오르던 순간과
울거나 울기 직전의 얼굴로 인사하던 친구들.
그날이 내가 교복을 입은 마지막 날이었다.

왜 중고등학교를 다니지 않고 대학을 일찍 가고자 했는지
수없이 설명했지만 이제야 선명한 활자로 남긴다.
누군가는 그때부터 아픈 게 아니었는지 묻는데
그때는 멀쩡했다(적어도 내가 알기로는).

내가 자퇴한 이유는 딱 세 가지였다.
중고등학교를 검정고시 보고 대학에 일찍 들어가는 과정이
재미있어 보여서, 초중고 총 12년의 시간이 수능날 하루에
판가름 나는 게 아무리 생각해도 마음에 들지 않아서,
그리고

내가 잘하는 것과 하고 싶은 것을
빨리 찾고 싶어서.

고작 그런 이유 때문이냐고 생각할 수도 있겠다.
실제로 학교 선생님들을 포함한 주변 사람 대부분이
입을 모아 어리석은 선택이라 말했고 내가 학교를 관뒀다는
소문은 학교를 넘어 동네로, 시내로 퍼졌다. 지금 생각하면
그게 뭐라고 파급력이 그렇게 컸는지 모르겠다.

1년 동안 고입, 대입 검정고시를 본 후
바로 대학에 진학했다. 15살에 대학생이 된 것이다.
마냥 즐겁고 재밌기만 할 줄 알았는데 디자인과로 편입한
이후로 삶의 질이 뚝뚝 떨어지기 시작했다.

과제와 전시에 치여 남들 축제 즐길 때 랩실에서 썩어갔고
새벽마다 언니, 오빠들과 정문 앞 편의점에서 허기를 채웠으며
책상에 올라가 모니터를 치우고 자거나 바닥에 폼보드를 깔고
쪽잠을 잤다.

일출을 보며 화장실 세면대에서 머리를 감고 핸드드라이어에
축축하게 젖은 머리를 들이밀어 하염없이 말리던 그 기분을
잊을 수가 없다. 핸드드라이어의 센서는 머리카락을 감지하지
못해서 작동시킬 때마다 손을 넣었다 빼야 한다는 것도
그때 처음 알았다.

다들 힘든 상황이었지만 유난히 내가 더 힘들어했는데
몸이 그 난리였을 줄 누가 알았겠는가.
두 달 정도만 더 늦었어도 나는 아마 랩실에서 과제하다
죽었거나 랩실로 가는 도중에 죽었을 거다. 만약 그랬다면
내 사인을 뭐라고 했을까? 그 누구도 재생불량성 빈혈이라고는
생각하지 못했을 텐데 과로사나 돌연사로 결론지었을까?
졸업전시를 준비하던 학생이 죽었으니
전시가 몇 달이라도 미뤄졌으려나.

대학을 일찍 간 게 결국 신의 한 수가 되긴 했다.
투병하고 이식 후 1년의 회복기까지 가졌는데도 마지막
학기를 위해 복학했을 때 21살이었으니 시간은 제대로 번 셈
이었다. 이것만 생각해도 대학에 빨리 가길 잘했다는 생각이
든다. 다만 아쉬운 게 있다면 졸업 후 몇 년을 번아웃과
수면제 부작용으로 의욕을 상실한 채 무기력하게
보냈다는 것이다.

그때의 나는 감정적으로 늘 공허했고
그 공백은 무엇으로도 채워지지 않았다.

투병하며 무언가 잃어버린 것 같은데
그게 삶에 대한 의욕일까봐 무서웠다.

이 글을 보고 있는 여러분들은 의아해 할시노 보르겠다.
힘든 투병 다 끝냈는데 왜 무기력하지?
그동안 못 했던 거, 하고 싶던 거 다 하느라
정신없이 바빠도 모자라지 않나?

나 역시 그렇게 생각했다.
투병이 끝나면 물 만난 물고기처럼 많은 일을 하며
청춘의 이름으로 즐겁게 살 줄 알았건만 번아웃이 올 줄이야.

나는 내 안에서 방황하며 갈피를 잡지 못했다.
이 책에는 투병을 시작한 열여덟 살부터 지금까지
내 안에서 유랑하는 이야기가 고스란히 담겨있다.

그래서 이 책을 읽는 건 나를 읽는 것과 마찬가지다.
여러분은 지금 나를 읽고 있다.

숙주반응

이식 후 제일 큰 변수는 숙주반응,
그러니까 이식편대숙주반응이다.

인간의 몸은 남의 골수든 장기든 무언가가 들어오면
침입자로 인식한다. '어머, 날 살려줄 은인!' 하며 눈치껏
레드 카펫 깔고 있으면 얼마나 좋을까. 기껏 들어왔는데
불청객 소리를 듣는 남의 골수는 어이가 없을 것이다.

이렇게 눈치 없이 내 몸을 지키려는 내 면역과
기분이 나빠진 남의 골수 둘이서
전쟁 영화를 찍는 게 숙주반응이다.

MTX라는 예방주사노 몇 자례 맞긴 하지민
이게 올지 안 올지는 아무도 모른다. 전혀 예상할 수 없다.
그래서 이식한 이후로는 툭하면 숙주반응인지 걱정하는 게
취미가 된다.

조금만 열이 나도 "골수 떨어져 나가는 거 아냐?!"
설사 몇 번 하면 "장숙주 아냐?!"
피부가 좀 간지러우면 "피부숙주 아냐?!"
기침 좀 하면 "폐숙주 아냐?!"
입안에 염증 몇 개 생기면 "구강숙주 아냐?!"
몸이 좀 뻐근하면 "근육숙주 아냐?!"
눈이 좀 침침하면 "안구숙주 아냐?!"

기가 빨린다.
퇴원할 때 받아 온 책자를 뒤적이며 내 상태와 일일이
대조를 해보지만 봐도 잘 모르니 병원 갈 날만 기다리게 된다.

숙주반응이 가장 큰 변수인 이유는
심한 숙주는 합병증으로 보기 때문이다. 간이나 근육, 장,
폐와 같이 주요한 장기에 거부반응이 오면 또 하나의 병을
얻게 되는 것이다. 더욱 무서운 건 약을 먹는다고
다 낫는 것도 아니며 언제 사라질지도 모른다는 것인데,

삶의 질이 떨어지는 건 물론이고 심하면 사망에 이른다.
이런 리스크까지 모두 감안하고 골수이식을 진행해야 하는
것이다. 그러니 사소한 변화 하나하나에 민감할 수밖에.

환자들은 마음의 준비를 다 하지 못한 채로
이식을 하는 경우가 많다. 병원에서 이식 얘기가 나온다는 건
더 이상 약과 수혈로 버티는 게 의미가 없다는 뜻인걸
잘 알고 있기 때문이다.

그렇지만 매일같이 떨어지는 수치를 눈으로 보면서
'어쩌면 이식을 해야 할 지도 모른다'고 느끼는 것과
병원에서 심각하게 '이제 이식을 해야 한다'고 말하는 것은
마음에 내려앉는 무게가 다르다.
말하자면 확진을 또 한 번 받는 기분이다.

모두가 무사하지 않을 거란 걸 잘 알면서도
더 이상 방법이 없으니 감행한다. 그리고 그 과정에서
숙주반응으로 고통스러워하거나 사망하는 사람들을 보면서
많은 감정을 느끼게 된다.

나는 아직 숙주가 없다는 안도감,
다른 환자를 보며 안도감을 느낀다는 것에 대한 죄책감,

나도 생기넌 어쩌지 하는 불안감, 어쩌면 나는 숙주 없이
잘 끝날 수 있으리란 희망, 그러기에는 현실적으로
어려울 거라는 절망, 그리고 다시 희망.

그렇게 조용히 회복하거나 숙주와 싸우게 되는 것이다.

어쩌면 나를 죽음으로 내몰지도 모르는
선택을 하기란 얼마나 어려운가.

내가 고른 것을 두고 나중에 후회하진 않을지
얼마나 불안해하는가.

주저하며 걸어가는 길이
나에게 맞는 길이기를 얼마나 바랐는가.

결국 내가 택하고 걸어가봐야
끝을 알 수 있기에

환자가 선택하는 모든 것에는
인생이 걸려있다.

나의 봄은
옅은 초록

벚꽃이 흐드러지는 봄을 민둥머리로 맞이했다.
다들 봄옷입고 삼삼오오 모여 놀러다니는데 나는 여전히
털모자를 뒤집어쓰고 있었다. 이식 후에 자라나는 머리는
아기의 배냇머리처럼 정말 가늘어서 만져보면 분명
솜털같은 게 있는데 거울로 보면 아무것도 없다.
머리 위의 신기루다.

세상은 온통 분홍색인데 내 피부만 칙칙한 색이다.
이식을 하고 나면 피부가 불에 그을린듯한 색으로 변한다더니
어쩜 그리 비유를 딱 맞게 했을까. 햇빛에 탄 구릿빛 피부를
바란 건 아니지만 이런 색이 될 줄은 몰랐다.

내 눈엔 살짝 조록빛이 도는데 엄마는 모르겠단다.
연한 애쉬카키 같은 색인데 아무도 알아주지 않는 걸 보니
내 눈에만 그런가 보다. 숙주 안 온 피부가 이 정돈데
숙주가 오면 어떻게 되는 걸까?

피부 문제로 투덜거리면서도 밖에 나가고 싶어하는 걸 보니
그래도 봄이 반가운가보다. 사람 많은 곳은 아직도 조금
꺼려져서 가끔 근처 카페만 다녀오곤 했는데
먹을 수 있는 게 많지 않아서 늘 메뉴 선택이 어렵다.

못 먹게 하니 더 먹고 싶은 게 사람 마음 아닌가!
음료뿐만 아니라 회나 젓갈 같은 날 것은 절대 금물이고
바깥음식도 되도록이면 먹지 말아야 하며
어육류, 유제품, 과일, 채소, 곡류 등…
하여튼 먹을 수 있는 모든 것엔 제한이 걸린다.

똑같은 빵이어도 제조나 포장 방식에 따라서
먹을 수 있을 수도, 없을 수도 있다는 말이다.
먹고 싶은 걸 다 먹을 수 있다는 건 정말
복 받은 일이었음을 왜 나는 몰랐나.

아, 언제쯤이면 자연산 회에
소주 한 잔 할 수 있을까.

가발

앞서 얘기했지만
이식 후에는 솜털처럼 애기머리가 자라나는데 시간이 갈수록
곱슬이 되어간다. 이유는 모르겠지만 구불구불한 곱슬이었다가
점점 자라면서 원래 내 모질을 찾아가는 것이다. 빡빡머리에서
더벅머리가 되기까지 얼마나 오랜 시간이 걸리는지 모른다.

그 시간을 견디기 힘들어 가발을 몇 개 산 적이 있다.
환자들이 쓰는 가발은 비싸고 종류가 많지 않아
일반 쇼핑몰에서 샀는데 티가 좀 덜 나게 단발을 사면 될 걸,
긴 머리에 대한 갈망으로 꼭 찰랑이는 긴 머리 가발을 택했다.
강한 결핍이 과한 선택을 부른 듯했다.

처음 빠빠머리에 기발을 쓰면 기분이 정말 묘하다.
머리망을 쓸 필요도 없으니 내가 마네킹인 듯 바로 뒤집어쓰면
되는데 두피에 바로 가발이 얹히니 느낌이 썩 좋지 않다.

단발이 될 때까지 쓰고 다닐 줄 알았는데 뒷머리가 조금
자라나자 그때부터 모자를 쓰고 다녔다. 가발은 신경 쓰이고,
덥고, 불편해서 자주 쓰기엔 힘들었다.

머리카락은 생각보다 빠르게, 혹은 더디게 자란다.
금세 이만큼 자랐나 싶어도 예전 사진을 보면
저만큼 언제 기르나 싶다.

그래도
머리카락에 너무 스트레스 받지 않기 위해 노력했다.
살면서 언제 이렇게 짧은 머리로 다녀보겠냐며
즐겨보는 것도 좋다.

머리 변천사

1 빡빡이

2 잔디인형

3 고슴도치

4 곱슬대잔치

5 안정기

6 단발머리

7 긴 머리

8 똥머리

타인을
마주하는 일

투병을 시작하고 반년 정도는
인간관계에 대해 많은 생각을 한 시간이었다.

나를 싫어하는 사람은 내가 언제 죽을지 모르는
병에 걸렸어도 여전히 싫어했고, 친하다고 생각했던 사람이
별 관심이 없는가 하면 데면데면한 사이였던 사람이
내 소식을 듣고는 헌혈증을 긁어모아 우편으로 보내주거나
직접 찾아왔다.

변한 건 내 상황 하나뿐인데
온 세상이 낯설어지는 것이다.

누가 내 옆에 남아있건 떠나건,
내 의지로 할 수 있는 일이
아니라는 걸 뼈에 새기듯 깨달았다.

상대에게 크고 작은 의미를 부여하는 게
정말 의미가 있을까. 상대를 향한 모든 감정은
결국 내 몫에 지나지 않는다.

반대로 나에 대한 상대의 감정도 오롯이 본인 몫으로
내가 관여할 바가 아니다. 그래서 나는 애써 누군가와
가까워지려 하거나 멀어지려 하지 않는다.

가만히 있으면서 많은 인연이 머물렀다가 떠나는 모습을
그저 지켜볼 뿐이다. 그 과정에서 '저런 사람도 있구나' 하며
사람 공부를 하기도 하고 새로운 내 모습을 발견하기도 한다.
그렇게 나를 더 잘 알아가는 것이다.

타인을 마주하는 일은
어쩌면 좀 더 성숙한 나를 만드는
과정일지도 모른다.

일상과 비일상

사람 욕심은 끝이 없구나.
무사히 이식하고 숙주 없으면 그것만으로도 감사해야지
주변 사람들을 보며 상대적 박탈감이나 느끼다니.
나란 환자, 못난 환자….

'아프지 않았더라면 어떻게 지내고 있었을까.' 하고
의미없는 가정을 해본다.

자신감도, 내 머리카락도, 피부도 그대로였을 텐데.
살아있다는 것에 감사하고 탈 없이 지내는 것에 행복해하다가도
또 이런 생각으로 우울해하기를 반복했다.

하나만 하자, 하나만.

건강을 잃는 건 단순히 몸이 아픈 것 이상의 의미를 가진다.
상실한다는 말이 더 어울릴지도 모르겠다. 평소 건강한 몸에
감사하고 산 것도 아니면서 아프게 되면, 특히 큰 병에 걸리면
나에게 일어날 수 없는 일이 일어나기라도 한 것처럼
놀라워하고, 힘들어하고, 마음 아파한다.

영원할 거라고 약속했던 건강에게
배신이라도 당한 것처럼.

곧 일상을 되찾겠다 다짐하지만 이내 혼란스러워진다.
어떤 게 일상이고 어떤 게 비일상이란 말인가.

지금 내가 살아가는 시간이
일상이 아니면 뭐란 말인가.

아픈 시간들마저
나의 일상이다.

지켜주세요

생리통 때문에 꼼짝 않고 누워있으니
섬광처럼 스친 무균실에서의 기억 한 토막.

항암제와 토끼혈청의 부작용을 온몸으로 받아내는 와중에
또 화장실이 가고 싶어졌다. 링거에 하루 종일 이뇨제가
달린 탓이다. 30분이 멀다 하고 화장실을 가는데 불편해 미칠
지경이었다. 구토가 봉기라도 하듯 '내가 먼저!'를 외치며
말보다 먼저 입 밖으로 튀어나오는 바람에 소변 볼 시간조차
없었지만 나는 욕구에 충실한 동물이므로 화장실에 가야 했다.

몸 하나 제대로 가누지 못하는 내게
엄마가 대변기를 대줄 테니 일을 보라고 했다.
침대에서 일을 보라니. 내키진 않지만 거동이 힘드니
어쩔 수 없었다. 플라스틱 대변기를 이불 안으로 가져와
힘들게 엉덩이를 걸쳐놓았다.

…세상에 이렇게 불편한 자세가 또 있을까.
허리부터 붕 떠서 딱딱한 플라스틱에 하체를 맡기고 있는
꼴이었다. 병실에는 맞은편에 이모 한 명, 엄마, 그리고 나.
이렇게 셋뿐이었는데도 창피했다.
아마 나 혼자 있었어도 그랬을 거다.

정말 거지같군.
내 생에 이런 자세로 소변을 눠야하는 날이 오다니.
정말 이대로 싸도 되는 건가. 자세가 제대로 된 게 맞긴 한 건가.
방금까지 아무것도 안 하고 누워있던 침대가 엉덩이 밑에
대변기 하나 놨다고 이렇게 어색해지다니. 방광은 금방이라도
터질 것 같은데 도저히 나올 것 같지 않았다. 자세도 장소도
너무 낯설었다. 엄마는 꼬맹이 오줌 누이듯 옆에서 괜찮다고
얼러주었지만 그것도 불편했다. 나를 둘러싼 모든 게
불편한 순간이었다.

10여 분을 나무토막처럼 누워 있다가 항복했다.

"엄마…. 그냥 기어서 화장실에 가는 게 낫겠어."

침대에서 몸을 떼기 전에 구토 한 번 하고
여러 가지 약이 주렁주렁 매달린 폴대를 달달 끌고
힘겹게 다녀왔다. 간호사가 소변줄을 꽂아주겠다고
여러 번 권했지만 그건 내 사지가 침대에서 떨어지지 않을 때
하겠다며 거절하곤 기를 쓰고 화장실을 다녔다.

몸이 어느 정도 회복되고 나서 아무 생각 없이
화장실을 드나들다가 문득 깨달았다.

자유의지로 화장실에 가서 문을 닫고
아무도 없는 공간에서 나 홀로 일을 볼 수 있다는 건
인간으로서 최소한의 존엄을 지키는 일이 아닐까.

그렇다면 매일 존엄을 지키는
나를 자랑스러워 해야겠다.

고통의 수치

환자의 침대에는 고통을 0부터 10까지 나눈 표가 붙어있다.
NRS Numerical Rating Scale 라고 하는데 숫자가 점점 커질수록 평온한
얼굴에서 고통스러운 얼굴로 변하는 그림이 같이 그려져 있다.

표의 용도는 환자가 느끼는 고통을 수치화하기 위한 것인데
나는 항상 그 쓸모를 의심하곤 했다. 내 숫자는 번번이
퇴짜 맞았기 때문이다. 아파서 엉엉 울고 있으면 간호사가
와서 본인이 느끼는 고통이 숫자 몇 정도 되는지를 묻는다.
아파죽겠는데 그런 걸 왜 물어보나 싶지만 막상 질문을 받으면
지금 내 고통이 얼마쯤 되는지 머리를 굴리기 시작한다.

노대체가 고통을 숫자로 표현하는 게 가능한 일인가?
연인이 기대 가득한 눈으로 "나 얼마나 사랑해?"라고
물을 때처럼 그저 말문이 막혀버리는데 여기에는
'하늘만큼 땅만큼' 같은 모범답안조차 없다.

"으으… 숫자요? 4? 5? 모르겠어요. 너무 아파요…."

8은 너무 엄살같고… 3보다는 더 아픈 거 같고….
4에서 6정도면 의료진을 납득시킬만한 숫자일까 싶어
말을 하면 돌아오는 답은 "에이~ 그 정돈 아닐 텐데"였다.
보기좋게 오답처리가 되고나면 벙쪄서
약 1초 동안 아픔마저 잊는다.

객관식도 아니고 어떻게 고통에 오답이 있단 말인가.
내 몸과 동기화라도 하고 있는 건지, 그렇다면 선생님이
맞춰보라고 말하고 싶은 걸 꾹 참고 눈물을 뚝뚝 흘리며
"저한테 왜 그러세요. 도대체 왜 물어보신 거예요."
라고 하면 그제야 진통제를 넣어준다.

진통제가 얼마나 간절한지 테스트하는 것도 아니고
도대체 왜 이렇게 해야만 하는 걸까.

나는 아직도 표의 쓸모를 잘 모르겠다.

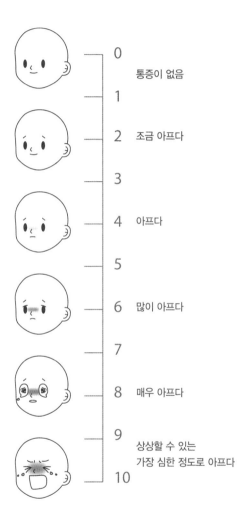

0

통증이 없음

1

2 조금 아프다

3

4 아프다

5

6 많이 아프다

7

8 매우 아프다

9

상상할 수 있는
가장 심한 정도로 아프다

10

B에서 AB로

왜 내가 외래 가는 날마다
날씨가 이 모양인지 의문을 품으며 병원으로 향했다.
진료를 기다리는 시간동안 질문할 것들을 줄줄이 써놓고는
진료실에 들어가자마자 교수님께 인터뷰하듯 좔좔 물었다.

주로 '이제 ㅇㅇㅇ 먹어도 돼요?' 를 물었는데
통과되는 음식이 있고 아닌 음식이 있어서 교수님이
답을 해주실 때마다 음식 이름 옆에 O나 X를 그리며 속으로
울고 웃었다. 먹고 싶은 게 너무 많아서 큰일이다.

오늘 진료에서는 좋은 소식이 있었다.

이식받은 골수가 생착됐고 이식 7개월이 지난 지금!
드디어 혈액형이 바뀌었다고 한다. 원래 내 혈액형인
B형에서 공여자의 혈액형인 AB형으로 바뀌었다는
말이다.

혈액형은 이식한 직후에 바뀌는 게 아니라
원래 혈액형에서 서서히 바뀐다는 걸 듣기는 했지만
정말 내 피가 AB형이 된 게 신기했다.

AB형이 부모님 사이에서 나올 수 없는 혈액형이라
아빠가 너는 내 핏줄이 아니라며 놀리는데 할 말이 없다.
아저씨는 누구신데요.

수치가 껑충껑충 뛰어오르진 않지만 조금씩 꾸준히
올라와줘서 다행이었다. 깨알같이 일하고 있는
골수가 고마웠다.

모든 수치가 정상이 되는 날까지
힘내라!

엄마 : B형

아빠 : O형

동생 : O형

나 : B형 → AB형

골수이식 후에 제일 많이 듣는 질문은 성격도 바뀌느냐는 것인데
답을 하자면 반은 맞고 반은 틀리다.

단순히 이식을 해서 바뀐다기보다는 투병하는 동안 많은 걸 깨닫고 느끼며
가치관이 변하기 때문에 결과적으로 성격이 변하기도 하는 것이다.

생사를 오가는 큰 일을 겪으며 성격이 변하는 건
어쩌면 당연한 건지도 모른다.

예방접종을
마치다

이식 후 6개월이 지나면
독감 예방접종을 시작으로 어릴 때 맞았던 접종을
처음부터 다시 받아야 한다.

새로 태어났다는 사실을 절감하는 순간이다.

폐렴, 홍역, 소아마비, 파상풍 등 갖가지 접종을 스케줄에
따라 꼬박꼬박 맞아야 하는데 백신 하나에 주사 한 번씩
맞으면 될 줄 알았더니 적게는 2차부터 많게는
4차까지 맞아야 했다.

섭종 받을 때마다 이식했던 병원에 갈 수 없으니
가까운 병원에 해당 백신이 있는지 문의해야 했고
비슷한 성분과 이름이 많아 모르는 부분은
이식했던 병원에 다시 문의해야 했다.

인류를 구할 백신을 찾는 것도 아닌데 왜 이렇게
복잡하고 힘든지. 엄마가 신경 써주지 않았더라면
백신도 제대로 못 맞았을 거다.

이식 859일째가 되던 날 마지막으로 MMR[13]을 맞고
병원을 나서던 때가 기억난다. 감마글로불린[14] 스케줄이
끝났을 때와는 비교가 되지 않을 만큼 속이 후련했고
'아, 이제 정말 병이랑 많이 멀어졌구나.' 하고 느꼈다.

오랜 시간동안 환자였는데 이제는 정말 환자 타이틀을
내려놓을 수 있게 됐다는 안도감과 불안이 한데 섞여
알 수 없는 감정이 피어올랐다.

---

13. 홍역, 유행성이하선염, 풍진의 3종 혼합백신
14. 면역력 증진을 위해 투여하는 약물

동종 조혈모세포 이식 후 예방 접종 안내문

동종 조혈모세포 이식 후 항체 역가가 1~4년 사이 감소하여 사라지는 것
으로 알려져 있습니다. 따라서 감염예방을 예방하기 위하여 아래 항목에
대한 예방접종이 필요합니다.

백신	횟수	접종시기			비고
		1차	2차	3차	
비활성화 백신		HSCT type이나 GVHD와는 상관없이 투여			
폐렴구균 (13)가 단백결합백신	3 +1	12개월 11/5 2013.11.13	13개월 2013 12/11 2013.12.13	14개월 2014 1/8 2014.1.13	21개월(저위험군,고위험군) (23가) 다당백신 7/18 2개월	프로디악스
인플루엔자(계절독감)	매년	≥4~6개월	2013 7/4 흡흡 독감 2013 7/5 흡흡 독감(2회)		유행철에 주사 → 이후로 3개월정도 맞아주세
B 헤모필루스 인플루엔자 #Hib	3	≥12개월 2013 12/4	14개월 2014 3/5	16개월 3/17	
파상풍, 디프테리아, 백일해 (DTaP)	3	≥12개월 2014 1/8	14개월 2014 3/5	16개월 3/17	
폴리오 (Inactivated Poliovirus)	3	≥12개월 2014 4/12	14개월 2014 5/12	16개월 2014 6/12	
B형 간염 헤파박스 (B형 독백스)	3	12개월 2014 11.5	14개월 2014 1/8	16개월 2014 3/12	이식 전 anti-HBs Ab (+), anti-HBc Ab (+)인 경우 9 개월 부터 접종
A형 간염 하브릭스 (A형 독백스)	2	12개월 2013 11.5	16개월 2014 3/12		

역독화 생백신을 제외한 비활성 백신들은 백신 접종으로 인한 감염을 일으키지 않습니다.

역독화 생백신	이식 후 최소 2년 경과 후 접종합니다. 면역억제 상태이거나 만성GVHD 시에는 접종으로 인한 감염 가능성 이 있으므로 금기입니다.		
홍역, 유행성이하선염, 풍진 (엠엠알)	1	≥24 mo 엠엠알II 프리오릭스	2015.3.13 충문의원 접종) 접종 후 3개월 동안 피임이 필요합니다.
대상포진 (Varivax®)	1	≥24 mo 1/6 2015 아산병원에서 접종	이식 후 대상포진에 걸린 분들은 접종 필요하 지 않습니다.

249

Happy Hour

'아니 왜 하필이면 혈액질환이야? 진짜 말도 안된다.'

처음 수혈받던 날,
폴대에 걸린 혈액팩을 바라보며 한 생각이다.
졸업전시를 준비하는 내내 이상하다 싶었던 몸이
결국 무너진 걸로도 모자라 셀 수 없이 많은 질병 중에서
하필이면 피와 관련된 '재생불량성 빈혈'이라니.

이 황당한 이야기를 시작하려면 2011년,
내가 4학년이던 때로 거슬러 올라가야 한다.

산업디자인과 학생들에게 졸업전시는
졸업논문을 대신하기에 취업까지 생각해 포트폴리오에
올릴 수 있는 퀄리티로 만들어야 한다. 방학도 없이
3학년 때부터 이미 졸업전시를 준비할 정도다.

그렇게 중요한 전시에서 나를 제일 힘들게 한 과목은
제품 디자인이었는데 이 과목은 컨셉을 정해
디자인프로세스를 짜고 졸업전시회의 제품 디자인 부스에
실물 모형인 목업을 전시해야 한다.

내 아이디어는 프레젠테이션을 하는 족족
퇴짜를 맞았다. 학생 대부분이 통과되어 순조롭게
준비를 하는데 나 혼자 컨셉조차 정하지 못한 상황까지
이르자 '이러다가 졸업을 못하면 어쩌지' 란 생각마저 들었다.

그러던 중 마침내 컨셉안이 통과 되었는데 이것이 바로
내 기구한 운명의 트레일러. 헌혈 참여를 유도, 상징하는
감성 시계 〈Happy Hour〉되시겠다.

이 시계의 컨셉은 헌혈에 대한 사회적 관심 증가와
기부 문화의 확산이다.

헌혈승을 센서에 내면 다음 힌헐 시기를 알려주며
날짜가 가까워질수록 OLED에 표시된 혈액이 점점 줄어
헌혈자가 시각적으로 인식하고 다음 헌혈을 준비할 수
있도록 하는 것이다.

이 제품 디자인을 위해 1년동안 자료조사를 하고
스케치를 하며 3D 프로그램으로 도면을 만들고 목업을 위해
서울을 오갔다. 심지어는 제품 설명을 위한 판넬과 영상에
쓸 사진이 마땅찮아 같은 과 오빠 한 명을 데리고
헌혈의 집에 가서 헌혈을 시킨 후 그 옆에서 줄창 사진을
찍어댄 적도 있었다.

분명 그때도 아픈 와중이었을 텐데
만약 "내가 헌혈을 할테니 오빠가 사진을 찍어라" 며
팔 걷어붙이고 나섰더라면 어땠을까?
그랬더라면 혈액수치가 비정상인 걸 알게 되었을거고
나는 전시를 코앞에 두고 바로 병원행이었을 것이다.

하고 많은 것들 중에 어쩌다 헌혈에 관심을 가져서
그에 대한 제품을 디자인하게 되었는지조차 모르겠다.
내 몸 입장에서 보면 기가 찼을 것이다.

이렇게 웃으며 사진을 찍고 한 달 뒤, 나는 재생불량성 빈혈 확진을 받았다.

'지금 내가 수혈 받아야 될 판에 뭐하는 거람?' 하고
온갖 증상을 보여줬는지도 모르겠다.

운명의 장난이 있다면
바로 이런 걸 말하는 게 아닐까?

우리는
매일 이별한다

사람은 누구나 죽는다.

모두 알고 있는 사실이지만 보통 그게 가까운 미래일

거라고는 생각하지 않는다. 그래서 우리는 내일을 꿈꾸며

살아간다. 어쩌면 인간은 그렇게 사고하도록

만들어졌는지도 모르겠다.

비슷한 처지는 유대감을 형성한다.

말하지 않아도 다 알고 네가 겪은 일을 나 또한 겪었으며,

우리가 다시 겪을지도 모를 일이란 걸 모두 은연중에

알고 있기 때문이다. 그래서 아픈 이들을 만날 때는

그 누구보다 반갑게 인사했고 헤어질 때는

진심으로 서로의 안녕을 빌었다.
오늘 본 그 모습이 마지막일 수도 있기 때문에.

그렇게 꽤 덤덤해졌다고 생각하던 어느 날 들려온
소식에 가슴이 덜컥 내려앉았다. 백혈병이던 친구가
죽었다는 것이다. 눈물은 나오지 않았다.
슬프기보다 어리둥절했다.

이모, 삼촌들보다 또래의 죽음이 더 충격이었던 것이다.
같은 해에 태어난 나는 이렇게 버젓이 숨을 쉬고 있는데
친구는 스물두 살의 나이로 죽어버렸다.

이럴 줄 알았으면 배선실에서 처음 마주친 그 날
쑥스러워도 내가 먼저 말 걸어볼걸.

네가 정말 떠난 게 맞긴 한 건지 잘 모르겠다.
넌 갔는데, 난 이렇게 살아있어도 되나. 다들 급하게 가느라
인사도 못했는데 너도 그냥 그렇게 가버리는구나.

흘러내리듯 떠날 세상인데
우리는 뭘 위해서 아등바등
사는 걸까.

살면서 죽음에 대해 진지하게 생각할 수 있는 세기가
한번쯤 찾아온다면, 내 경우에는 이렇게 병원에서 알게 된
이들이 새치기하듯 하늘로 떠나는 걸 지켜볼 때였다.

이식이 완치의 길은 맞지만
모두 무사히 결승선을 통과하리란 보장은 없다.
그걸 잘 알면서도 주변사람이 떠나면 처음엔 가슴이
내려앉다가 나중에는 점점 초연해진다. 반복되다보면
준비 못한 이별에도 무뎌지는 것이다.

언제 죽을지 모르는 건 나도 마찬가지였으니까.

우리는 매일 이별하면서 살고 있다.
이렇게 서로 함께 할 수 있는 시간들이 하루하루
저만치 멀어져 가고 있다는 사실을 어째서 자꾸
잊어버리는 걸까.

훗날 덜
후회하기 위해

지금 더
사랑해야 한다.

기억해

마음이 얼어붙어 새벽 밤이 시렸던 날을 기억해
바늘뭉치를 끼고 자는 듯 조바심이 나던 밤을 기억해
시간이 몸속을 휘젓던 날 온통 쪽빛으로 물들던 하늘을 기억해
나뭇잎 사이로 새어들어오던 햇볕 조각을 기억해

밤하늘 별가루 한 줌 훔쳐다 풀어놓은 듯이
반짝이는 바다에 넋이 빠졌던 날을 기억해
누군가 다정한 목소리로 다 괜찮다고 타일러주던 날
가슴 한 곳에서부터 퍼지던 잔잔한 파도를 기억해
바람결이 살갗을 훑고 지나던 늦은 오후를 기억해

싱그러운 들풀 사이를 뛰놀며 온몸에 풀냄새를 묻히고서
나에게 달려와 안기던 작은 너를 기억해

시간은 많은 것을 거쳐 끝내 하나의 생을 이루고
바다에 빠진 작은 돌처럼 영영 가라앉겠지만

나는 부스러기 같은 기억을
매일 주워 담을 거야

내 병은
희귀난치병인데

나의 투병 과정을 모르는 사람들 대부분은
이 병이 별 것 아닌 줄 안다. 재생불량성 빈혈이라는
병명이 첫 번째 이유인 것 같다. 빈혈이 뭐냐, 빈혈이.
희귀난치병답게 '피가 마르는 골수병'이라던지,
'스치기만 해도 내출혈 오는 병'이라던지,
하여튼 좀 심각해 보이게 지을 수도 있었잖아.
빈혈이라니까 한 번씩 다 겪는 그런 빈혈인 줄 안다.

이 병의 증상으로 말할 것 같으면
세 발자국만 걸어도 심장이 입 밖으로 튀어나올 듯이
빠르고 세게 뛰며 감기와 각종 염증을 달고 살고

온몸이 멍과 지반증으로 얼룩덜룩해진다.

하혈, 잇몸출혈에 심하면 피눈물이 나기도 하며
남들에겐 가벼운 찰과상일 작은 사고도 우리에겐 말 그대로
'골로 가는' 큰 사고가 된다. 까딱하면 죽는다.

서울에 있는 병원을 오간다고 비행기를 탈 때면
기압 때문에 내 머리가 터지진 않을까 하고 걱정했다.
가만히 있어도 터지는 혈관이 뇌에서 터지지 않으리란
법이 없잖은가. 의사가 뇌출혈 올지도 모른다며
큰일 볼 때 힘도 주지 말라고 했었다.
그럼 어떻게 싸죠.

툭 쳐도 재수없으면 죽을 수 있는 병.
이 병은 그런 병이다. 그렇지만 눈으로 보이는
질환이 아니다보니 겉으론 멀쩡해 보여서 사람들이
"아프다더니 멀쩡하네?"라거나 "빈혈이면 수혈 받으면 되잖아"
라고 말하기도 한다. 수혈 몇 번 받아서 될 일이면
제가 삼보일배를 하고 다니겠습니다.

내 병을 가볍게 여기는 사람도 싫지만
불쌍하게 보는 사람도 그다지 반갑지 않다.

위로하는 게 아니라 정말 내 인생이 망하기라도 한 것처럼
말하는 사람들이 있는데 생각 없이 하는 말들에
놀람을 금치 못하게 된다.
우와, 저런 말을 입 밖으로 낼 수 있다니.

신기하게도 그런 일은 이식을 하고나서 더 심해졌다.
나는 '숙주는 나물뿐!'이라며 열심히 암시를 걸어댄 덕인지
숙주반응 없이 무사히 회복했는데 겉으로 보기에 워낙
멀쩡해서 투병했던 사람이라고는 믿어지지 않았다.
그런 나를 보면서 "골수이식했다고? 그렇게 안 보이는데….
이식 별거 아닌가보다."라거나 "내 주변에 누가 이식했는데
멀쩡하던데?"라고 말하고 다니는 사람도 있었다.

이식 후에 얼마나 많은 사람들이 숙주로 고생하고
사망하는지 직접 보면 저런 소리 못할 텐데.
그래, 모르는 거 이해한다. 본인이 겪어보지 못한 일에
공감하기란 얼마나 어려운가. 차라리 감기몸살로
열흘 내내 끙끙 앓았다고 하는 편이 오히려
위로받기 쉬우리라.

공감해주지 않아도 된다. 나는 위로를 바라는 것도,
같이 울어주길 바라는 것도 아니다.

그저 이 병과 고통을 업신여기지만 않기를,
차라리 관심이 없다 말해주길 바란다.

꽤 많은 사람들에게 '아픈 사람,' 혹은 '아팠던 사람'에 대한
편견이 존재한다. 아픔이 어떻게든 티가 난다고 믿는 모양이다.
그러니 어떻게 봐도 겉으로는 멀쩡한 나에게 아팠던 사람이
맞는지, 앓았던 게 가벼운 질병인지, 네가 이렇게 멀쩡하게
나타날 만큼 골수이식이 별것 아닌지 묻는 거겠지.

몸이 아픈 사람,
그리고 마음이 아픈 사람에게도 말해주고 싶다.
세상에 존재하는 사람들의 수만큼 병을 받아들이는 생각도
참 다양하지만 그 어떤 말에도 상처 받지 않았으면 한다.

내 허락 없이는 누구도 나에게 상처를 줄 수 없다는 말을
기억했으면 좋겠다. 상대가 나에게 가시를 쥐어준다고 해서
곧이 곧대로 잡지 말기를. 내가 받지 않으면 그 가시는
상대가 계속 지니고 있을 수밖에 없다.

작은 가시에 찔려 아파하지 말자.
우리는 더 큰 아픔과 싸우지 않았나.

이 또한
지나가리라

병원은 내가 가진 부끄러움을 바닥까지 들춰낸다.
누구에게도 낱낱이 보여야 할 필요가 없었던 내 몸이 많은
사람들 앞에서 진찰대에 오르고, 혈소판이 낮아 생리가 어떻고
질 출혈이 어떻고 하는 이야기까지 주고받아야 한다.

섭취량과 배출량을 기록하기 위해서 화장실에 갈 때마다
소변컵을 들고 가야하며 몸 상태가 좋지 않을 땐 대소변을
제대로 가리지 못하기도 한다.

심장 초음파나 산부인과 진료, 소변줄을 꽂는 일처럼
가리는 것 없이 몸을 보여야 하는 일도 마찬가지다.

힝임과 험청 투여로 화장실까지도 걸어가지 못해
침대 바로 옆에 놓인 간이 변기에서 위아래로 쏟아내고 있는데
바로 옆 커튼 밖에서는 회진을 하고 있다던가, 여러 사람이
있는 병실에서 갑작스레 구토가 나오는 바람에 나 혼자
웩웩거린다던가 하는, 되도록이면 피하고 싶은 그런 상황들.
내 의지가 아닌데 부끄러움은 오롯이 내 몫인 일들.

물론 처음엔 낯설고 부끄러워 우물쭈물하던 이런 일들도
시간이 지나면 적응하게 된다. 적응한다고 해서
아무렇지 않은 건 분명 아니지만 내가 나를 병실에 있는
환자1로 생각하면 꽤 견딜만하다. 마음 같아서는
잠시 유체이탈이라도 하고 싶지만 어쩌겠는가.
내 몸은 정직하게 반응하는데 나는 몸을 컨트롤 할만큼
건강한 상태가 아닌 것뿐이다.

감정은 잠시 덮어두고 객관적으로 보려고 하면
상황이 한결 가볍게 느껴진다. 어쨌거나 나 자신이 겪고 있는
상황인만큼 완전한 제3자의 입장에서 바라볼 수는 없지만
부끄러운 상황도, 고통에 몸부림치는 이 순간도
언젠가는 지나간다는 사실을 잘 알고 있으니
잠시나마 내가 아닌 척 해보는 것이다.

내가
갈 수 있는 곳

면역치료를 받고 경과를 지켜보던 19살의 어느 날,
아빠가 차를 사줬다. 언제 죽을지 모르는데 할 수 있는 건
다 해봤으면 하는 부모의 마음이었으리라.
아빠는 나에게 운전을 가르쳤고 나는 내가 투병 중이라는
사실도 잊을만큼 재밌게 배웠다.

처음 동네를 돌던 날, 후진 기어를 넣고
안절부절 못하는 나를 보며 편의점 앞에 모여있던
동네 아저씨들이 "힘내라! 잘하고 있다! 과감하게 해라!"
라고 외치던 때를 잊을 수 없다. 뿐만 아니라
아빠를 조수석에 태우고 시내로 나갔다가

오거리에서 신호를 잘못 본 탓에 도로 한복판에 내 차만
덩그러니 있었을 때의 그 뻘쭘함. 굽이치는 길로 악명높은
516도로를 타면서 보았던 숲길 또한 기억에 남는다.

타인과의 접촉을 최대한 피해야 했기 때문에
친구를 만나지도, 대중교통을 이용할 수도 없었던 나에게
자동차는 탈 것 이상의 의미였다. 나는 혼자 해안가를 돌거나
달빛이 비추는 밤바다를 보러 가기도 하고 좋아하는 노래를
틀어놓고 뻥 뚫린 길을 시원하게 달리며 아픔을 잊었다.

나에 대한 걱정과 슬픔이 쌓인 집을 벗어나 오롯이
혼자만의 시간을 갖는 것. 내게는 운전 자체가 일탈이었고
그 순간만큼은 환자가 아니었다.

바다와 오름에 나를 내려놓고 병원 말고도 내가 있을 수
있는 곳은 많다고 되뇌었다. 또 다시 입원을 하더라도
너무 슬퍼하지 않도록, 언젠가는 이 아름다운 풍경을 보면서
'내년에도 볼 수 있겠지' 같은 생각을 하지 않는 날이
올 수 있도록 눈에 담고 또 담았다.

아마 나는 제주를 떠나지 않을 것이다.
그 시절 바다와 오름에 눈으로 써놓았던 소원을
매년 볼 수 있으니까.

습관

골수이식을 한 이후로 내 침대 머리맡에는 항상
비닐봉지를 씌워둔 작은 대야가 있었다.

언제든 토할 수 있도록 가까이 두는 것인데 간호사가 처음에
내게 대야를 건네며 "이건 머리맡에 두세요~"라고
했을 때는 꽤 비위가 상했다. 비닐을 씌웠다고 한들
어쨌거나 저 대야의 용도는 토받이인 것을.

하지만 간호사의 말을 들어서 나쁠 건 하나도 없었다.
수면제에 취해 있다가도 손만 뻗어 대야를 잡을 수 있었고
TV를 보며 깔깔대다가도 얼굴을 묻을 수 있었다.

세워내는 와중에도 '오, 유용한데?' 라고 생각했다.
한 가지 불만이라면 속에서 나온 것들을 코앞에서 본다는
것이었는데 변기 잡고 토할 땐 거리라도 멀었지 이건 뭐
토사물과 인사하는 꼴이었다. 고로 대야를 머리맡에 놓고
자는 건 유용하지만 비위에 거슬리는 일이었다.

퇴원해서도 한동안 대야를 끼고 자다보니
어느 이부자리든 한 쪽 구석에 작은 대야가 있는 듯한
묘한 존재감이 느껴지는 바람에 습관이 하나 생겼다.
침대 머리맡에 베개나 인형을 여러 개 갖다둬서
빈틈없이 꽉 차게 만드는 것이다.

대야가 존재감을 드러낼 수 없게
꽉 찬 침대를 보고 있으면 괜히 기분이 좋다.
나는 아직도 작은 대야는 그냥 대야로 보이지 않는다.
왠지 비닐봉지를 씌워둬야 할 것 같고 뭐라도 담겨있으면
바로 씻어내고 싶다.

시간이 지나며 많이 나아지긴 했지만
아직도 이런 사소한 일이 습관으로 남아있는 게
신기할 따름이다.

나는
그러지 말았어야 했다

나는 너무 급했다.
따지 못한 학점을 아쉬워할 게 아니라 바스러져가는
몸을 보살폈어야 했고 졸업이 늦어졌다는 사실보다
어쩌면 내가 죽을지도 모른다는 사실을 더
걱정했어야 했다.

남들이 취업하고 인턴하고 연수 받을 때
나는 왜 이러고 있는지 한탄하지 않았어야 했다.

바쁘게 살던 관성이 남아서 투병하는 중에도
전혀 중요하지 않은 일들에 감정을 너무 많이 소모했다.

나는 그러시 밭았어야 했나.

그게 뭐라고 죽어가는 내 몸보다
더 걱정하고 신경을 썼나.

어차피 죽으면 다 소용없을 것들,
내가 살아있어야만 가치가 있는 것들인데
나는 왜 그렇게 쓸데없는 것들에 사로잡혀
내 몸조차 돌보지 못했을까.

휴식도 해야 할 일이란 걸 알았다면
그렇게 조급해하지 않았을 텐데.

몇 년 전으로 돌아가
나에게 한마디 할 수 있다면
이렇게 말하고 싶다.

잠시 쉬고 있는 걸
멈췄다고 생각하지 말기를.

일곱 번 넘어져도
여덟 번 일어나라

투병이 길어질수록 자신과의 싸움은 더 고독해진다.
나아질 기미는 좀처럼 보이지 않건만 악화되는 건
어쩜 그리 한 순간인지.

매 끼니에 공들이고 좋다는 건 다 먹어보고 노심초사
몸을 조심스럽게 쓰고 다녀도 병원에 다녀오는 날이면
마음이 무너진 채 돌아오곤 했다.

내 마음이 이런데 부모님은 오죽할까.
이불을 뒤집어 쓴 채로 울고 있는 딸에게 적혈구 수치를
올려준다는 과일즙을 내미는 엄마의 심정은 어땠을까.

이런 걸 먹어봐야 소용이 없냐는 걸
우리 모두 알면서도 당장 할 수 있는 일이 없으니
'누가 이거 먹고 좋아졌다더라'는 기대에라도
매달려보는 것이다.

아무리 움켜쥐어도
보란듯이 손아귀를 빠져나갈 기대라는 걸 알면서도.
더 이상의 희망은 의미가 없는 걸까. 하루하루를 살다보면
길이라는 게 보일까. 그렇게 한동안 우울감에 절어있다가
'아니야, 괜찮아질 거야.'라며 혼자 꾸역꾸역
늪을 헤쳐나온다.

투병은 힘든 과정이다.
웃는 날보다 우는 날이, 달리는 날보다 멈춰있는 날이,
굳건히 제자리를 지키는 날보다 무너지는 날이 더 많다.
그래도 일어나야 한다.

흔들리는 삶에서 제일 중요한 건
쓰러지지 않는 게 아니라 쓰러져도
어떻게든 다시 일어나는 것이니까.

새벽의 수연

어두컴컴한 병실에서 새벽에 눈을 뜨면
세상에 나만 덩그러니 남겨진 기분이 든다.

나는 새벽마다 멸균우유 한 팩과 휴대폰, 얼음주머니를
챙겨서 병동 복도로 나갔다. 병동 복도는 항상 어둡고
조용해서 내 슬리퍼 소리만 작게 울렸다.
복도 중간쯤에는 의자가 놓여있는 창문이 있었는데
나는 대부분 새벽을 거기서 보냈다.

노래를 들으며 멸균우유를 쭉쭉 빨면서
밖을 바라보는 게 할 일이라면 할 일이었는데

누가 시나가나 올려나봤으면 날갈귀신이라고 했을 것이나.
새벽이라 바깥엔 아무것도 없었지만 조용히 켜진
가로등을 보는 것만으로도 충분했다.

새벽 거리는 미련할 정도로 치열하게 살았던
과거를 떠올리게 했고 동시에 미래를 기대하게 만들었다.
'내 인생은 앞으로 어떻게 되는 걸까' 하고 궁금해하다가
몸이 다 나으면 하고 싶은 일들을 하나씩 생각해보곤 했다.

대단한 건 없었다.
연극과 뮤지컬 보기, 좋아하는 스타일의 옷 입기,
여행 가기, 맛있는 거 실컷 먹기….

누군가에게는 당연한 일상인 것들이 나에게는
간절히 하고 싶은 일이었다. 내 꿈은 그렇게 소소한
것들로 시작해서 점차 커져갔다.

생각이 꼬리에 꼬리를 물고 나뭇가지처럼 뻗어가다
설렘과 두려움으로 뒤엉킬 즈음이면
나는 생각하기를 관뒀다.

결국 내가 바라는 건 그 일들 자체가 아니라

'그 모든 것을 할 수 있는 상태의 나'였으므로
어찌되었든 살아있자고, 건강하자고 다짐했다.

머릿속이 한차례 비워지면
그제야 병실로 돌아갈 마음이 생겨서 조금 녹아 덜그럭거리는
얼음주머니를 옆구리에 끼고 작은 발자국 소리를 내며
왔던 길을 돌아갔다.

나의 새벽은 항상 조용하고 외로웠지만
그 느낌을 좋아했다. 텅 빈 복도를 혼자 걸어 다니는 것도,
눈이 소복이 쌓인 바깥을 바라보는 일도, 앞으로의
일들을 생각하는 것도 좋았다.

그 시간들은
내 안의 나를 키우는
시간이었다.

몸은 작고 좁은 곳에서 제약을 받고 있을지언정
내 안에서만큼은 팽창하는 우주가 되는 것.

나에게 희망과 기대를 끊임없이 먹이고 그것이
헛되지 않도록 지금 있는 자리에서 최선을 다 하는 것.

그러다보면 언젠가 바라던
내 모습이 되어있을 거란 확신.

지금도 혼자 있기를 자처하고
사사로운 생각에 빠져 있기를 좋아한다.

힘들고 지친 나를 일으키는 건
언제나 나 자신이었기에.

두려움을
이기는 방법

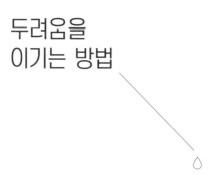

오렌지주스를 지독히 싫어했다.
전해질과 엑스자이드를 주스에 타먹은 탓에 트라우마가
생겨 쳐다보거나 냄새만 맡아도 헛구역질을 했다.

엑스자이드라는 철킬레이트 약이 유독 부작용이 심했는데
약이 사람과 안 맞으면 어떤 일이 생기는지 생체실험을
당하는 느낌이 들 정도였다. 이식 후 한동안은 종이컵 냄새도
못 맡았는데 오렌지주스가 목구멍으로 넘어갈 리가 없었다.

일상에서 주스를 마주치는 일은 생각보다 잦았다.
비행기에서 나눠주는 음료가 물 아니면 감귤주스 뿐이라든지

지인의 집에 초대받아 갔더니 주스를 내준다든지
하는 식이었다. 주스가 내 앞에 놓이면 병아리색의
상큼한 사약을 마주하는 것 같았다.

진저리, 진저리. 온갖 진저리를 치며
주스를 피하고 살았는데 한번은 김포로 가는 비행기에서
목이 너무 마른 것이다. 마침 승무원이 종이컵을 한가득 들고
다가왔다. 평소 같으면 물을 마셨을 텐데 그날은 무슨 바람이
불었는지 호기롭게 주스를 달라고 했다. 트레이에 떡하니
놓인 종이컵과 찰랑이는 주스를 바라보았다.

'아, 괜히 주스 달라고 했나. 먹다가 토하면 어떡하지.'

혹시나 입 틀어막고 화장실로 뛰쳐나갈지도 모르니
안전벨트를 풀고 냄새부터 맡아보았는데 새콤한 향에 군침마저
도는 게 아닌가! 홀짝 마셔보았더니 세상에, 정말 아무렇지도
않았다. 오히려 새콤달콤한 게 한 잔 더 마시고 싶어져
되돌아오는 승무원에게 한 잔을 더 받아 마셨다.

신난다! 난 트라우마를 극복한 사람이다!
그 뒤로 오렌지주스만 보이면 자랑이라도 하듯이
넙죽넙죽 두세 잔씩 비운다.

두려움을 이기는 방법은 의외로 간단했다

마음을 먹고 문제를 똑바로 쳐다본 후
그 일을 다시 해보는 것이다.

직면하지 않고서 해결할 수 있는 문제는 없다고 했던가.
문제를 바라볼 용기조차 없었던 나는 이제 피해도
상관없는 것들까지 도전해볼 만큼 성장했다.

오렌지주스 뿐만 아니라
앞으로 내 삶에 닥쳐 오는 떫고 쓴
문제들에도 언제든 맞설 수 있으리라.

바늘자국과
토끼

내 양쪽 손등과 손목에는 바늘자국이 서른 개 정도 있다.
하얘지고 옅어져서 빤히 보지 않는 이상 알아보기 힘들지만
볕이 잘 드는 바깥에서 손을 보고 있으면 항상 바늘자국이
먼저 눈에 들어온다.

예전엔 흉터를 보이기 싫어 괜히 두 손을 포개어놓고 있기도
했는데 요즘은 그다지 신경 쓰이지 않는다. 두 손을 포개어 봤자
다른 쪽 손등에도 바늘자국이 있기 때문이다. 혈관을 따라
이리저리 자리 잡고 있는 자국들이 별자리 같기도 해서
요즘은 퍽 정이 간다.

히크만을 뺀 자리에도 흉이 났는다
이사가 "예쁘게 꿰매줄게요·" 라고 하더니
정말 토끼 모양으로 만들어 놓았다.

한 쪽 귀가 접힌 토끼 모양인데 신기하게 눈도 있다.
어쩌다 흉이 이렇게 귀엽게 났는지 모르겠다.

너무 붉거져있거나 보기 싫으면 타투라도 할 생각이었는데
이미 토끼 타투가 있는 느낌이라 그냥 내버려 두기로 했다.

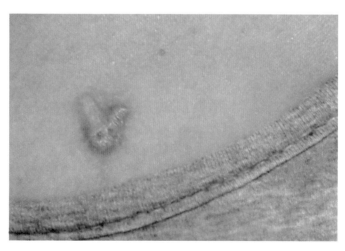

토끼 혈청이 나를 힘들게 해서 미안했던 걸까
귀여운 토끼 흉터로 자리 잡았다.

흉터의 의미를 다시 생각해보게 된다.

상처가 생길 때는 필연적으로 고통을 느끼며
딱지가 생기고 떨어지는 과정은 인내를 요하고
새살이 돋을 땐 가렵기까지 하다.

딱지가 떨어진 후에도
상처가 있던 자리는 주변의 살과 색이 달라
여전히 눈에 띄며, 조화를 이루기까지 또 시간이 필요하다.
상처가 흉터로 변하는 일도 시간이 관장한다.

왜 이 상처가 빨리 아물지 않느냐고,
언제쯤이면 내가 아프지 않을 수 있냐고
화내거나 억지 부릴 필요가 없다.

내가 할 수 있는 일은
시간이 흐르길 기다리는
것뿐이다.

잘 하고 있어

투병의 이름으로 덮어두었던 진로 고민이 고개를 쳐들었다.
아무도 나에게 뭐라고 하지 않는데 혼자 조바심이 나기
시작했다. 더 이상 병 뒤에 숨을 수 없다는 걸 몸으로 느끼고
있었다. 이제는 성인으로서, 사회구성원으로서 앞으로
나아가야만 했다. 아, 언제 이렇게 나이를 먹었을까.
난 아직도 열여덟 살 같은데.

자기소개서와 이력서를 무력하게 바라보았다.
다들 스펙쌓기다 뭐다해서 치열하게 사는데 몇 년동안
병상에 누워있던 나는 도무지 채워넣을 게 없었다.

따놓은 자격증은 너무 오래돼서 장롱면허 같았고
포트폴리오는 부끄러워서 눈뜨고 봐주기도 힘들었다.
내가 이 고작 이 정도 결과물을 위해서
몸을 갈아넣었구나 싶었다.

스펙은 고사하고 자기소개서에 쓸 말도 없었다.
자신의 장단점을 서술하는 곳에 '고통을 잘 참음'이나
'오렌지주스를 못 먹음' 같은 말을 쓸 수는 없으니까.

몇 년에 걸친 투병을 겨우 끝내고 이제 남들과 같은 삶을
살아보겠다고 직시한 현실 앞에서 나는 아무것도 이뤄놓은
것 없이 나이만 먹은 사람이 되어있었다.

그 즈음부터 무기력해졌다.
누워있다가 밥만 먹고 다시 자기를 반복했는데 이렇게
나를 놔버리면 안된다고 생각하면서도 몸이 움직이질 않았다.
차라리 갓 태어난 아기가 오므린 손이 나보다 더 많은 걸
쥐고 있다고 느끼며 방황하던 어느 날,

엄마와 산책을 나가게 되었다.
나는 햇볕에 반짝이는 바다를 가만히 쳐다보다가 말했다.

"엄마, 나는 죽다 살아났는데도 왜 열심히 살고 싶은
이유이 없을까?"

"사람마다 다르지. 죽다 살아났으니 새 삶 살아야지! 하고
으쌰으쌰 하는 사람도 있고 너처럼 모든 게 허무해보이는
사람도 있는 거야."

"나는 내가 좀 으쌰으쌰 했으면 좋겠어. 18살부터 아파서
벌써 20대 중반인데… 한 거 없이 나이만 먹은 거 같아."

"네가 왜 한 게 없어? 너 몇 년 동안 병이랑 싸우면서
이겨냈잖아. 살아남았잖아. 그게 얼마나 대단한 건데.
엄마는 네가 살아서 숨쉬고 존재하는 것 자체가
너무 고마운걸."

"그건 그렇지만 이제 몸도 괜찮아졌으니까,
정말 뭔가를 해야 한다는 생각이 들어. 시간이 지나면
괜찮아지겠지하고 흘려보냈는데 5년이 지나가니
점점 조급해져."

"엄마는 네가 그런 생각한다는 것 자체가 대단하다고 생각해.
그렇게 해나가면 돼. 그런 마음이 들었으면 작은 계획부터
세워서 하나씩 해가면 되지. 넌 잘 하고 있어."

그닥 잘하고 있는 거 같진 않지만
우선은 엄마의 말에 고개를 끄덕였다.

내 손을 잡고 싱긋 웃어보이는 엄마를 쳐다보며 얼른
어엿하게 한 사람의 몫을 해내며 살고 싶다고 생각했다.

이제 무기력에서 제법 헤어나왔지만 아직도 가끔씩
상대적 박탈감을 느끼거나 우울에 빠지기도 한다.
그럴 때면 병원에서 새벽마다 바깥을 내다보던 때를 떠올린다.

'여길 나가서 일상생활이 가능해지면'이란 전제를 달고
하고 싶은 일을 손꼽던 그 때를 떠올리면 환자복을 입고
바깥을 바라보던 과거의 내가 달려와 냅다 뺨을 후려치며
말한다. 그 정도 삶을 영위하는 건 기적에 가까운 일이라고.
알면 잘 살라고.

지루할 만큼 무난한
이 일상을 얼마나 갈망했던가.

당연한 것들이
더 이상 당연하지 않게 되었을 때
얼마나 절망했던가.

과거의 나에게 뺨 한 대 맞고나면
부스스 정신이 돌아온다.

'그래, 그때는 내가 이렇게 멀쩡히 살아있는 것 자체가
기적이고 꿈이있잖아. 살아내느라 얼마나 고생했니.
고생한만큼 마음 추스리며 쉬었으니 이제 앞으로 나아갈
시간이야. 대단한 것도 아니야. 예전의 내가 원했던 것처럼
하고 싶은 일, 할 수 있는 일을 하자.'

그때부터 카페 아르바이트를 시작해
이런 저런 일을 하며 지냈다. 아직도 선명한 '꿈'이랄 건
없지만 생각도 해보지 않았던 글을 쓰고 있으니
인생은 정말 한치 앞도 모른다는 말이 맞다.

내 과거는 현재를 지탱한다.
발 밑에서 흉터로 자리잡은 내 아픔은
나를 움직이는 원동력이 되어주며

어떤 일에도 무너지지 않도록
단단히 받치고 있다.

5장

투명한
나날들

: 이제는 내가 아팠던
 시간이 그저 겨울에
 불과했다고 느낀다.

 겨울이 가고 봄이 오듯
 혹독한 추위를 견디고
 다시 꽃 피는 봄이 오면

 그때 말없이 틔울
 싹을 조용히 품고
 있었을 뿐이었구나.

순간의 집합

아직 오지 않은 미래와 가지 않는 과거 사이에서
무수히 방황했던 날을 돌아본다.

과거는 순간의 흔적이고
미래는 다가올 순간이라는 걸
이제야 깨닫는다.

점 같은 순간들이 모여
마침내 인생의 끝에서 뒤돌아보았을 때
멋진 점묘화 한 점이 눈앞에 펼쳐지길.

나의 공백

장기간 투병한 환자에게는 타인에게 자신의 공백기를
설명해야 하는 순간이 종종 찾아온다.

시간이 붕 뜨는 이력서를 보며 면접관이 "졸업하고 뭐 했어요?"
라고 물어볼 때처럼 내가 아팠다는 사실을 누군가에게 말해야
될 때도 있고 이런저런 이야기를 하다가 갑자기 과거가
고구마 줄기처럼 딸려나올 때도 있다.

나는 보통 거리낌없이 말하는 편인데
그럴 수 있는 이유는 병력을 말해도 불이익을 받을
상황이 없을 뿐만 아니라 나의 아픔은 더이상

현재진행형이 아니며 이제는 그 시간들을 견디
네기 지랑스럽기 때문이다.

이 말은 곧 병력이 불이익이 될 수도,
주변에서 내 아픔을 쥐고 흔들 수도 있다는 말이다.

병에 대한 세상의 시선은 생각보다 차갑고 깐깐하며
때로는 약점으로 이용하려들기도 한다는 사실이
가끔씩 칼처럼 꽂혀온다.

누가 아프고 싶어서 아팠나.
아픈 시간에 대한 보상을 바라는 것도 아닌데
왜 세상은 자꾸 무언가를 빼앗으려고만 하나.

이런 마뜩잖은 상황에도 불구하고
나는 아픔을 겪은 사람들이 당당했으면 좋겠다.
큰일을 겪어낸 자신을 대견해하고 아픔을 통해 배운 것들을
마음 깊이 새기고 소신있게 말했으면 한다.

누구보다 내가 나의 편이 되어줘야 한다.
아픔은 부끄러운 일도 아니고 나의 잘못도, 실패한 것도
아니라는 걸 우리 모두 알고 있지 않은가.

아픔과 공백을 어떤 시선으로 바라볼지는
온전히 나에게 달렸다.

때로는 빈 페이지가 가장 많은 가능성을 선사한다는
한 영화의 대사처럼,

우리의 공백은

'아무것도 하지 못한 것'이 아니라
'어떤 것도 할 수 있는'

앞으로의 가능성을
시사하는 것이었으면 한다.

공여자

무균실에서 공여자의 골수와 손수 쓴 편지를
전해 받았을 때가 생각난다.

신경안정제에 취해 종일 비몽사몽하다가 이식 중간에
눈을 떴는데 엄마가 웬 종이를 보고 울고 있었다.
그게 뭐냐고 물으니 공여자가 전해 준 편지라고 했다.
공여자가 골수 뽑다 중간에 도망갔다는 얘기는 들었어도
편지 보내는 건 처음 봤다.

어떤 말부터 어떻게 시작해야 할지 한참 고민했다는
공여자는 이렇게 말했다.

갑작스레 일치하는 환자분이 계시다는 연락을 받았어요.
이런 기회가 제게 왔네요. 감사해요, 정말 정말 감사해요.
이렇게 영광스러운 기회를 주셔서 정말 감사해요.

몸 관리는커녕 젊으니까 괜찮겠지, 하며 내 몸을 혹독하게
다뤘는데 그 전화 이후로 먹고 싶은 거, 맛있는 거 많이
먹었어요. 잠도 푹 자고 잘 쉬고, 비타민도 잘 챙겨먹고
옷도 따뜻하게 입고 다녔어요.

덕분에 제 자신을 더 사랑하게 되었어요.
기도 많이 했으니까 다 잘 될 거예요. 얼른 완쾌해서
그 누구보다 행복해지길 앞으로도 기도 많이 할게요.
제게 값진 기회 주신 당신 고마워요.

편지 내용은 앞으로 무슨 일이 있어도 살아야겠다는
생각을 갖게 하기에 충분했다. 공여자는 그때 나이로
스물셋의 여자였는데 나는 이식한 날부터
그 분을 천사언니라고 불렀다.

시간이 지나 나는 B형에서 공여자 혈액형과 같은 AB형이
되었고 이식 후 3년이 되는 날 병원을 통해 답장을 보냈다.
편지에는 내 몸 상태와 근황, 감사 인사만을 적었다.

주변에서는 공여자가 어디에 사는 누구인지
궁금하지 않느냐고 물었지만 나는 알고 싶지 않았다.
언니와 나는 정말 특별한 인연이고 죽을 때까지
품고, 꺼내보고, 다시 품을 기적 같은 일이므로
예쁘게 남겨두고 싶었다. 그 마음은 아직도 여전하다.

고맙다는 말로 이 마음을 다 전할 수 있을까.
고맙다는 말보다 더 고마운 말이 있지 않을까.
당신이 내 눈앞에 있다면 나는 과연 무슨 말을 어떻게 꺼낼까.
말이나 할 수 있을까. 당신이 날 살린 공여자임을 안다면
나는 그저 얼굴을 감싸쥐고 울기만 할지도 모른다.

당신이 나에게 준 건 단지 골수가 아니라
새로운 인생 그 자체다. 힘들 때면 당신이 고생해서
골수를 뺐을 그 날을 생각하며 나의 남은 생을
허투루 보내지 않겠다고 다짐한다.
당신에게 자랑스럽고 싶다.

언젠가 당신이 우연히라도
이 책을 만나기를.

엄마

모두가 환자에게 집중한다.
안부를 물을 때도 환자의 몸 상태에 대해서만 묻는다.
하지만 그 옆을 지키는 보호자는 어떨까.

'보호자'라 왠지 강하고 든든한 존재로 느껴지지만
사실 맨땅에 누워 자는 것과 다름없이 생활하는 게 보호자다.
낮고 좁은 침대에 몸을 모로 뉘인 채 먼지를 마시며 매일 밤을
지새우고 환자가 먹고 싶은 음식이 있다면 그저 한 입이라도
더 먹이기 위해 먼 길도 마다하지 않고 다녀온다.
우리 엄마가 그랬듯이.

엄마는 내가 무균실에 있는 동안 병원 근치에 집이놓은
원룸에서 시내며 매일 하루에 한 시간씩 나를 보러 왔다.
그러다 내가 일반 병실로 옮기면서부터 같이 병원생활을 했고,
종종 빨래를 하러 가거나 몸이 안 좋은 날에만 한 번씩
그곳에서 자고 왔다.

나는 전처치와 이식을 잘 견딘 덕에 크게 아픈 곳도 없었고
입안이 헐지도 않아 아주 잘 먹었다. 그래서 '이게 먹고 싶다',
'저게 먹고 싶다'며 식사시간마다 엄마를 귀찮게 했다.

엄마는 전자레인지 한번 쓰기 위해 긴 줄을 섰고
지하에 있는 편의점과 식당을 오가며 내가 먹고 싶어 하는 걸
전부 사주셨다. 엄마는 내가 잘 먹는 것만으로도 행복해했다.

하루는 지나가는 말로 "아, 물떡 먹고 싶다."고 중얼거렸다.
내 말을 들은 엄마가 만들어 오겠다며 바로 짐을 챙겨 나갔다.
그리고 세 시간 후, 뜨끈한 물떡을 간장과 함께 내 간이 식탁
위에 올려주셨다. 내가 신나서 우와! 우와! 환호를 하며
서둘러 먹자 병실 사람들이 전부 음식의 정체를 궁금해했다.
물떡은 포장마차에서 굵은 가래떡을 꼬챙이에 꿰어 어묵 국물에
담가놓은 것으로 쫀득하고, 담백하고, 따뜻하고, 고소한 게
정말 맛있다.

분명 엄마가 방금 만들어 가져온 걸 텐데 가래떡이 이렇게
포슬포슬 잘 불었다니. 뜨끈하고 짭조름한 멸치육수까지
몽땅 마셨다. 엄마는 잘 먹는 나를 흐뭇하게 바라보았다.

이식 후에는 환자가 먹는 음식에 특히 주의를 기울여야 해서
엄마가 정말 신경을 많이 썼다. 매일 내 식기를 삶았고 음식도
항상 아침에 내가 먹을 양만 따로 만들어 차려주셨다. 하루 이틀
지난 것은 늘 엄마 몫이었다. 엄마의 희생과 사랑이 그대로
녹아든 밥상 덕분에 회복도 빠를 수 있었다고 생각한다.

엄마는 매일 눈길을 오가면서 어떤 생각을 했을까.
엄마가 오며가며 흘린 눈물이 얼어 빙판길을 만들진 않았을까.

겨을이 되면 밖에 서서 나를 바라보던 엄마가 생각난다.
펑펑 내리는 눈을 그대로 맞으면서도 당신 몸은 아랑곳없고
항상 내 걱정만 하던 우리 엄마.

조용하고 꽉 막힌 병실에서 내가 의지할 사람은 엄마밖에
없었기에 항상 엄마랑 수다를 떨었다. 오랜 시간 붙어있었으면서
뭐 그리 할 말이 많았는지 모르겠다.

엄마가 있었기에 나는 좀 더 유쾌하고 편안하게
병원 생활을 할 수 있었고 그 이후로 우리는 많이 친밀하고
끈끈해졌다. 동지애가 생긴 기분이랄까.

아직도 우리는 병원에서 있었던 일로 수다를 떨곤 한다.
시간이 많이 흘러 이제 다 추억인데도
엄마는 아직 눈물을 짓는다.

아빠

나는 당장이라도 죽을 수 있다는
청천벽력 같은 말을 듣고서도 울지 않았다.

내가 아니라 부모님이나 동생이 아팠다면 눈물을 한 바가지
흘려댔을지도 모르지만 겉으로는 멀쩡한 내가 아프다니
어이가 없어 눈물도 나오지 않았다.
나 자신만 생각하기 바빴다.

내 마음이 아프지 않게, 내가 좀 덜 힘들게.
가족의 마음을 헤아려 볼 생각조차 하지 못했다.
아니, 사실은 눈에 들어오지도 않았다.

제주도의 종합병원에 입원해 있던 7일 동안 병실에서
나 혼자만 종일 커튼을 쳤다. 내 몸도 마음도 보여주고
싶지 않았기 때문이리라.

그날도 역시 나 혼자 커튼을 치고 누워 있었다.
끈적이는 적혈구가 좁은 핏줄을 지나며 손등으로 꾸역꾸역
들어왔다. 손등과 목, 머리에서 뛰는 맥박을 하나, 둘 세며
눈만 감고 누워있다 설핏 잠이 들려는데 때마침 누군가 병실에
들어오는 소리가 들렸다. 누워서 귀만 열고 있으니 별게 다
들린다. 저벅저벅 발소리는 내 침대 앞에서 멈췄다.

아빠였다.

이미 잠이 깼지만 아빠의 걱정스러운 눈빛도, 나를 어떻게
만져야 될지 몰라 조심스러운 손길도 감당하기 힘들었다.
아빠의 눈만 쳐다봐도 모든 게 울컥하고 터질 것 같아서
계속 자는 척 고개를 돌리고 눈을 꾹 감았다. 여전히
적혈구는 꾸역꾸역 손등으로 들어오고 있었다.

아빠 숨소리가 들렸다.
분명 나를 찬찬히 훑어보고 있을 것이다.
새하얀 피부, 핏기 없는 입술, 가느다란 손목, 손등에 꽂힌

주삿바늘. 아빠는 그 자리에서 한참 서 있다가 한숨을 쉬며
커튼을 닫았다.

아빠 눈에 내가 얼마나 처연해 보였을까.
열여덟 살밖에 안된 딸의 손등에는 혈관 주사가 매달려있고
그 사이로 검붉은 피가 뚝뚝 흐른다. 어쩜 이렇게 하얗냐며
신기해했던 피부는 사실 피가 없어 창백한 거였고 온몸은
멍투성이다. 눈에 보이는 게 이 정도인데 얇은 옷 밑으로는
보랏빛 멍이 얼마나 많을까.

몸은 곧게 놓고 고개만 벽으로 돌려 눈 감고 있는
딸의 목에서는 핏대가 펄떡거리고 있었다.
피가 없어서… 피가 없어서.

아빠가 울었다는 말을 나중에야 전해들었는데
어쩌면 그게 그날이었는지 모르겠다. 아픈 모습이나
힘들어하는 모습을 보여준 적도 없는 아빠가 내 목의 핏대가
펄떡거린다고 눈물을 보였다니 가슴이 툭 내려앉았다.
아빠는 무슨 생각을 하며 울었을까. 그날 하루만 울었을까
아니면 우리 몰래 많이 울기도 했을까. 집과 병원을 오고 가는
왕복 두 시간 동안 아빠는 매일 무슨 생각을 했을까.
나는 감히 아빠의 마음을 짐작할 수 없다.

이시치러 서운에 온라아서두 내 사진 한 장 보내지 않았다.
빡빡머리에 시커멓게 뒨 피부, 엑스지이드 부작용으로
얼룩덜룩 흉터가 남은 얼굴, 퉁퉁 부은 몸.

내 꼴이 마음에 들지 않으니 사진을 찍어볼 생각도 하지 않았다.
이식하고 일반 병실에서 창틀에 앉아 노래를 듣고 있는 나를
엄마가 조심스레 한 장 찍어 아빠에게 보냈다.

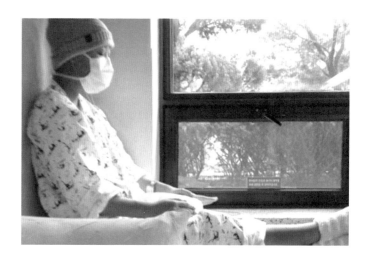

수연이 이렇게 잘 있으니 걱정 말라고.
아빠는 사진을 크게 키워서 나를 이리저리 살폈다고 한다.

피부가 많이 시커매진 걸 알아봤는지 약이 얼마나 독하면
애가 이렇게 탔냐고 물었단다. 이식하게 전에는 하얗다 못해
투명했으니 아빠 눈엔 차이가 컸겠지.

지금 와서 생각해보니 아빠와 동생 생각을 많이 못한 게
미안하다. 엄마가 아빠랑 연락을 자주 하기는 했지만
내가 직접 전화도 더 많이 했어야 했는데.

그럼 나를 보지 못하는 아빠가 좀 더 안심했을 텐데.
아빠가 날 얼마나 보고 싶어했을지 그 마음을
알아드리지 못한 게 죄송스럽다.

그루터기

많은 사람들이 기로에 선 상태로 묻는다.

'제가 어떻게 하면 좋을까요?'
'저 지금 이런 상태인데 앞으로 어떻게 될까요?'

내가 용한 점쟁이라 그들의 앞날을 딱딱 맞추어 줄 수 있다면
얼마나 좋을까. 당신은 반일치가 좋겠고, 당신은 수혈만 받으며
사는 게 낫겠고, 당신은 국내 공여자가 열 명쯤 있으니
걱정 말라고 호언장담할 수 있다면 얼마나 좋을까.

안타깝게도 나 또한 그 불투명한 장막을 걷어내고

언제 터질지 모르는 지뢰밭을 뛰어다녔을 뿐이다.
내 몸을 많이 아끼고 사랑해서도 아니며 삶에 대한 의지가
굳건했던 것도 아니다. 단지 운이 좋았던 것 뿐.
그러니 내가 그들에게 무어라 답을 할 수 있나.

글로 울음을 대신 써 내려간 그들에게 나는 그저
'제 생각에는~' 이란 말을 수없이 달아가며 최선의 답을
해줄 수밖에 없다. 장황하게 쓴 글의 끝에는 늘
'도움이 됐을지 모르겠지만' 이라 말하며 말을 맺는다.

내 답변이 정답은 아니지만 이걸로 당신의 마음이
조금이라도 따뜻해졌으면, 조금의 위로라도 받았으면
하는 버릇에 가까운 부끄러움이다.

결국 선택은 본인의 몫임을 모를 리 없다.
단지 너무 답답하고 막막해서 어딘가에 털어놓기라도
하고 싶은 마음이리라. 내가 겪었던 감정, 우리 가족이 겪었던
마음고생이 떠올라 그들의 고통을 외면할 수 없다.

다 잘 될 거예요,
당신이 어떤 결정을 하던지
나는 당신을 응원해요.

이 짧은 문장 하나에 구구절절 많은 말을 걸어둔다.

가만히 있어도 볼을 타고 흐르는 눈물을 막을 수도 없고
갑자기 닥친 큰일에 정신 바짝 차리라고 할 수도 없다.

그저 털어놓고 위로를 얻어 가기를.
지친 걸음걸음 중에 만난 둥그런 나무 밑둥처럼
그저 잠시 쉬어가길.

나는 이름도 얼굴도 모르는 그대들이
건강하고 행복했으면 좋겠다.

무기력
털어내기 1

이식만 하면 전부 끝이 날 줄 알았는데 그렇지 않았다.
지긋지긋한 수면제와 작별했는데도 나는 여전히 우울했고
무기력했다. 나의 대부분은 우울로 이뤄진 게 분명하다는
생각마저 들어 하루를 시작하는 것조차 힘에 겨웠다.

늘 새벽을 지새우고 아침이 다 되어서 잠이 들었으니
일어나면 해가 중천이었다. 시간으로 따지자면 대여섯 시간
정도 잤을 뿐이지만, 오후 한 시를 가리키는 시계를 보면
내가 한심해서 짜증이 다 났다.

나를 싫어한다고 해서 달라지는 것은 없었다.

이부자리 위에서 몇 시간씩 멍하니 있기도 하고 배가 고파져도
먹는 일마저 귀찮아 미루고 미루다 잠기 힘들 때가 되어서야
밥을 먹었다. 오며 가며 슬쩍 본 창밖은 질투가 날 만큼
맑은데 내 마음은 왜 이리 우중충한 걸까. 씻고 준비해서
근처 카페라도 가볼까 생각해본다.

해야 할 일을 생각해보는 것만으로도 지치지만
오늘도 무기력하게 보낼 순 없다는 생각에 계속 고민한다.
시간은 빠르게 흘러 금세 해가 지고 창밖은 어두워져 간다.
시간이 눈앞에서 스러져가는 것을 빤히 보면서
또다시 자책한다.

난 결국 오늘도 이렇게 살았구나.
나는 정말 게으르구나.
누워서 빈둥거리는 거 말고는
하는 게 없는 인간이구나.

매일매일 이렇게 지내는 건 꽤 고통스럽다. 몸은 편하지만
정신적으로 괴로워진다. 기분전환을 위해 여행이라도 가볼까
생각하지만 다시 막막해진다. 집 근처 카페도 못 가는 내가
여행은 무슨. 들어갈 돈과 시간은 물론이고, 계획을 짜야 한다는
부담이 물밀듯이 밀려와 집어치우기로 한다.

난 도대체 뭐가 문제인지 끝없이 자문한다.
성격이 문제인가, 아니면 말로만 듣던 우울증인가. 차라리
우울증이길 바라는 마음 반, 아니길 바라는 마음 반으로
인터넷에 떠도는 자가진단을 찾아 항목을 체크해 나간다.
결국 얻는 것은 없고 쓸데없는 일에 시간만 쓴 셈이 된다.

일을 하면 한결 낫다.
강제로라도 몸을 일으켜 8~9시간동안 밖에서 감정을
열심히 퍼내고 집으로 돌아오면 찾는 것은 술이요, 오는 것은
잠 밖에 없으니 잠시 동안은 우울하지 않을 수 있지만
길어야 한 달이다. 한 달 내로 나는 돌아간다.
마치 우울과 무기력으로 똘똘 뭉친 내가 원점인 듯이.

내가 나에게 질릴 때가 되면
어디서부터 무엇이 잘못되었는지, 해결 방법엔 어떤 것이
있는지 곰곰이 생각해본다. 길은 두 가지다. 이대로 살든지,
조금이라도 변하든지. 나는 그대로 살고 싶은 생각이 추호도
없었으므로 우선 내 상태 먼저 점검해보았다.

나는 정신적으로, 육체적으로 에너지가 부족한 상태였고
특히 체력이 저질이었기에 갑자기 운동을 하거나
훌쩍 여행을 떠나는 건 무리라고 생각했다.

그때부터 목표를 아주 낮게 깊이 시작했고
그 덕분에 지금은 꽤 평화로운 감정상태로 살아가고 있다.

나와 같은 무기력을 호소하는 환자들이 많아
도움이 되길 바라며 무기력 털어내기에 좋은
몇 가지 방법을 적어본다.

무기력
털어내기 2

앞서 말했듯 무기력은 육체적으로도 정신적으로도
에너지가 고갈되어있는 상태다. 아픈 몸에 영향을 받아
마음이 약해지기도 하지만 약해진 마음 때문에 몸이 아플 수도
있는 것이다. 일어나 씻고 밥을 먹는 일조차 힘든 상황이므로
아주 작은 일부터 시작해야 한다.

1. 침구 정리하기

언제 일어나든 상관없다. 아침형 인간이어야만 제대로 사는 것은
아니지 않는가. 새벽이든 오후든 눈을 뜨고 몽롱한 정신이 또렷
해질 때 자리에서 일어나 침구를 정리하자. 호텔급 세팅을 말하
는 것이 아니다. 제자리를 잃은 베개와 이불을 한번 털어 정리만

해주자. 인형이니 휴대폰 충전기 같은 것들이 어지럽게 놓여 있나면 그것도 정리하자. 1분도 채 걸리지 않는다. 몇 시간 내루 나시 이불 속을 파고든다 할지라도 일어나 처음 하는 행동으로 이불 정리를 하는 것은 하루 동안 내 행동에 많은 활력을 불어넣는다. 이불 정리만 해도 뭔가 하루가 제대로 굴러갈 것 같은 느낌을 가질 수 있을 것이다.

2. 고양이 세수

무기력한 상태에서 샤워와 목욕을 매일 하기란 얼마나 힘든지 안다. 긴 머리카락을 가지고 있다면 특히 그렇다. 컨디션이 좋을 때야 샤워하며 팩도 하고 스크럽도 하고 좋아하는 바디워시도 쓸 마음이 생기지만 무기력할 때는 짐밖에 되지 않는다. 애초에 저것들을 제대로 할 의욕이 없으니 아예 씻기도 귀찮은 것이다. 완벽주의는 하등 쓸모가 없다. 그러니 샤워 한번 하러 가는 것도 미적거리게 되고 나는 '씻는 것도 귀찮으면 앞으로 어떻게 살아야되나' 싶어 또 자책한다.

그러니 다 집어 치우고 고양이 세수를 하자. '아, 모르겠고 그냥 세수만 하자.' 이 기분으로 욕실로 걸어 들어가 세수와 양치만 하고 나오는 것이다. 정말이지 이것만 했을 뿐인데 하루를 개운하게 시작할 수 있다. 어쩔 때는 세수하다가 '에이, 그냥 샤워하자!' 하고 기분 좋게 샤워를 마치고 나올 때도 있다. 샤워한 김에 집

앞에라도 나갈 수 있는 의욕이 생기기도 한다. 씻고 누워있다가도 갑작스레 나갈 일이 생기거나 나가고 싶은 의욕이 들면 '아까 씻었으니' 그냥 나가면 된다. 씻지도 않은 상태에서 나가려면 이것도 해야 되고 저것도 해야 되고 시간이 얼마나 걸리고…. 머릿속에서 셈을 하기 시작하면 지쳐 나갈 수 없게 된다. 그러니 고양이 세수라도 하고 누워있자.

3. 대충이라도 챙겨먹기

귀찮아서 끼니를 거르기 쉽지만 사과 한 알, 밥 한 숟가락이라도 우적우적 씹어 먹자. 무기력하면 입맛도 없어지고 먹지 않아도 배고프지 않게 되는데 결국 건강 망치는 지름길이다. 쫄쫄 굶다가 먹으면 몸이 살기 위해 지방을 더 많이 저장해 살이 쉽게 찔 뿐만 아니라 위와 장 건강을 해치기도 한다. 하고 싶은 일이 있을 때 몸이 따라주지 않으면 또 우울해지니 결국 내가 내 손으로 악순환을 만드는 꼴이 된다. 꼭 대단한 요리가 아니어도 좋다. 적게라도 챙겨 먹다보면 점점 갖춰먹고 싶어진다.

4. 해야 할 일을 축소하기

오늘의 목표를 겸손하게 잡자. 이부자리 정리하고 눈곱 떼고 세수한 것만으로도 잘했다. 하루를 꽤 괜찮게 시작했다는 생각이 들면 신기하게도 이것저것 해볼 의욕이 생긴다. 이를테면 책을 몇 장 읽어보거나 만화책을 정주행하고, 보고 싶은 영화를 보는 일 같은. 지갑 빌딩 들고 드라이브를 가서나 버스, 지하철에 올라 녹적 없이 외출을 하고 오는 깃도 좋다. 나는 드라이브 겸 도서관에 들렀다가 근처 카페에서 책을 몇 장 읽고 오는 것을 좋아한다. 아이쇼핑도 할 겸 드럭스토어에 가보는 것도 좋다. 물론 지갑은 챙겨야 한다. 빈손으로 나오지 않을 거란 걸 내가 제일 잘 아니까.

5. 스트레칭 하기

헬스나 요가원을 등록해 정해진 시간마다 운동을 하고 온다면 더 할 나위가 없겠지만 문 밖을 나서는 일이 아직 부담스럽다면 집에서라도 간단히 스트레칭을 하자. 요가매트와 폼롤러만 있다면 충분히 몸을 풀 수가 있다. 유튜브에는 차고 넘치는 홈트레이닝 영상들이 있으니 찾아보고 할 만한 것들을 따라 해보자. 하다보면 몸이 시원해져서 맨몸으로 근력운동도 할 마음이 생긴다.

6. 취미생활

무기력할 때는 좋아하던 것들마저 시시하고 재미없어진다. 그럴 땐 억지로 하려고 하지 말고 내버려두자. 꾸역꾸역 해봤자 스트레스만 생긴다. 취미생활은 즐길 수 있을 때 하자.

헌혈증

확진을 받고 난 후 헌혈증이 필요했다.

짧게는 5일, 길게는 2주에 한 번씩 수혈을 받는데

헌혈증으로 수혈을 받으면 비용이 발생하지 않거나 수납 시

비용이 차감된다. SNS에 이러한 질병으로 당신들의 헌혈증이

필요하다고 글을 올렸더니 소식을 접한 지인들이 본인의

헌혈증을 우편으로 보내왔다.

그뿐만이 아니었다. 자신과 가족들의 헌혈증,

주변 사람들 것까지 구해서 함께 동봉해 보내기도 했고

모르는 사람이 장문의 편지와 함께 보내주기도 했다.

글을 올리고 몇 주간 나에게 우편이 쏙쏙들이 노착했나.
호그와트에서 보낸 입학통지서가 굴뚝으로, 창문으로
쏟아져 들어오는 걸 지켜보는 해리포터의 심정이
이런 게 아니었을까.

직접 전해주고 싶다며 집으로 찾아온 이도 있었다.
부치지 않을 편지에 받는 이와 보내는 이는 왜 그렇게
정성스럽게 썼는지. 오랜만에 펜을 잡은 흔적이 역력한
편지에는 꾹꾹 눌러 쓴 진심이 담겨 있었고

나는 편지를 몇 번이나 다시 읽으며
그 자리를 한참 동안 떠나지 못했다.

헌혈증을 보내는 이가 뜸해질 즈음
백혈병환우회에 지원 신청을 했다. 진단서와 지원신청서 등
필요한 서류를 준비해 보냈고 며칠 후 100여 장의 헌혈증이
도착했다. 감사히 잘 쓰다가 이식 후 정상수치로 진입하게
되자 더 이상 내가 가지고 있을 필요가 없어진 헌혈증을
다시 기증했다. 감격의 순간이었다.

많은 사람들이 몇십 분씩 누워 힘들게 뽑은 혈액과
기증해준 헌혈증. 얼굴도 이름도 모르는 많은 이들의

수고 덕분에 나는 한 달, 한 달을 연명하며 살 수 있었다.

어쩌면 그 사람이 당신일지도 모른다.
당신이 헌혈을 해본 적이 있다면, 헌혈증을 기증해본 적이
있다면 수혈 받은 많은 이들을 대신해 감사 인사를
전하고 싶다.

환자들은 당신들의 수고로
오늘도 한결 편하게 숨을 쉰다.

그때
그 롯데월드

병원 근처 방이동에서 잠깐 지냈을 때, 털모자에 마스크에
눈사람처럼 껴입고 석촌호수 근처로 산책을 나가면 롯데월드에
놀러 간 사람들이 그렇게 부러울 수가 없었다. 특히 내 또래로
보이는 여자가 지나가면 절로 시선이 머물렀다. 그때는 잠깐
걷기만 해도 다리가 풀려 놀이공원은 고사하고 친구들과
놀러다니는 것도 언제쯤 가능해질 지 알 수 없던 때였다.

몸이 낫긴 할까
정상으로 살 수 있을까
머리가 길긴 할까
마스크를 벗고 누군가와 노는 날이 올까

내 옆을 스치는 사람들을 보며 나도 꼭 건강해져서 놀이공원을
가고야 말겠다고 굳게 다짐했었는데 이식 3년 차가 되던 해에
롯데월드에 다녀왔다.

나는 어느새 내가 하고 싶었던 일들을 차례로 해 나가고 있었다.
아직도 마음이 많이 좁아서 모든 게 늦은 것 같아 조급하기도
하고 때로는 다 내려놓고 사라지고 싶기도 하지만 막연히 바라던
일들을 하나씩 해 나가며 얻는 작은 용기가 꽤 큰 힘이 되어준다.
나는 오늘도 작은 행복을 쌓아 올린다.

다시 꽃 피는
봄이 오면

병에 걸린 건 재앙이라 생각했다.
미친, 이렇게 재수 없을 수가 있나. 하늘을 미워했고
땅을 원망했다.

각종 범죄자들은 저렇게 멀쩡한데 고작 열여덟인 내가 왜.
쌔고 쌘 게 죽어 마땅한 사람들인데 내가 왜.
내가 뭘 그렇게 잘못했는데.

나는 한동안 허공에 물음을 던지는 일밖에 할 수 없었다.
있는 힘껏 현실을 부정하는 게 병을 받아들이는 첫 번째 단계다.

매주 혈액수치를 보면서도 아닐 거라 생각한다.
기적이 일어나 의사가 심드렁한 표정으로 "별일 아닙니다.
집에 가세요." 라고 말해주길 바란다. 하지만 그런 일은
일어나지 않는다. 처참한 수치가 이제 그만 인정하라고
소리치는 것 같다.

사람마다 기간의 차이는 있지만 결국 인정하게 된다.
내 몸 어느 한구석이 제대로 돌아가지 못하고 있다는 걸
받아들이는 순간이 온다. 물론 수용한다고 해서 갑자기
평화를 찾거나 홀가분해지진 않는다.

그저 '아, 나 정말 환자 맞구나.'
하고 끄덕일 뿐이다.

삶의 모든 것이 재배열된다.
사람들은 더 이상 내가 알던 그 사람들이 아니고,
내가 알던 보편적 개념들이 파괴되며 내 가치관이 산산이
쪼개진다. 무너져 널브러진 나를 주워 새로 쌓아야 한다.

나를 무너뜨린 것이
새로운 나를 만드는
발판이 된다.

죽지 않을 거라면 최대한 살아보려 노력한다.

병을 인정했다고 해서 해탈의 경지에 올라 평온하게 투병하진
않는다. 얼굴을 뒤덮는 트러블에 대인기피증이 생겨 사람 눈을
제대로 쳐다보지 못하고 토악질은 일상이며 더럽게 맛없는
약을 망치로 냅다 으깨버리고 싶은 충동이 들기도 한다.
다 모르겠고 그냥 죽어버릴까 하는 생각도 꽤 여러 번 한다.

그러한 과정에서 딱히 좋은 줄 몰랐던 과거가
이토록 소중했음을 깨닫는다. 우리는 소중한 것들을
너무 늦게 알아차린다. 결국 인간은 삶 그 자체가
소중했음을 알기 위해 죽음을 맞이하는지도 모른다.

희망과 절망을 넘나드는 사이에 각종 약을 먹고
면역치료를 받고 최후의 보루로 남겨둔 골수마저 갈아치운다.
길고 긴 시간이다. 치료 과정은 결코 순탄치 않지만 새로운 길로
들어선 기쁨을 주체할 수 없다. 내 골수를 죽이고 남의 골수를
넣었으니 모든 게 끝난 기분이다. 그 뒤로 약 부작용이나
숙주반응을 겪으며 삶의 질이 낮아질 수도 있다.

뜬금없이 나타났지만 언제 사라질지는 아무도 모르는 것들.
그러나 대부분은 시간이 해결해준다.

하루하루가 힘들고 지옥 같아 이거 언제 사라지나,
난 언제 건강해지나 싶지만 내 몸이 나를 정상궤도에
올려놓기 위해 최선을 다하고 있다는 사실을 믿어야 한다.
나는 골수공장에서 조혈세포와 지방세포가 오붓이 앉아
적혈구, 백혈구, 혈소판을 정성껏 만들어내고 있는 모습을
상상하곤 했다. 생기 넘치는 혈구들이 골수공장을 빠져나가
혈관을 타고 내 몸 곳곳을 돌아다니는 모습을 그렸다.

어떤 방법이든 좋다.
우울한 이 순간에도 내 골수는 나를 위해 열심히 일하고
있다고 믿어보는 거다. 당장 내일 혈액수치가 바닥을 친다
할지라도 실망하지 말자. 아니, 당연히 실망하겠지만
그래도 괜찮다고 말하자.

괜찮아, 다음 주엔 오를 거야.
괜찮아, 이번 주 골수공장 휴업인가 보다.
괜찮아, 어차피 난 나을 거니까.

대체할 말이 없어 투병이라고는 하나
사실 나는 투병이란 단어를 그다지 좋아하지 않는다.
어느 한 쪽이 죽을 때까지 싸워야 할 것만 같은 느낌이 들기
때문인데 결국 그 싸움에서 지는 쪽은 내가 될 것 같았다.

그래서 병이랑 친구가 되기로 했다. 억울한 무언가가
내 봄 구석을 차지하고 늘어와 앉아있는 것뿐이니 잘 달래서
밖으로 내보내자고 그렇게 생각했다. 내 마음 편하자고
한 일이었다.

그래서 블로그 카테고리 이름도 '안녕, 재빈'과
'재빈 탐구생활'로 시작했다. 학교 다닐 때 과제 폴더를
'신나는 과제'로 해놓은 것처럼, 지금 내게 부정적인 것들을
조금이나마 긍정적으로 바라볼 수 있게끔 일부러 만들어 놓은
장치였다. 이미 힘든 상황에서 부정을 곁들여봐야
좋을 게 없다는 건 누구나 다 아는 사실이니까.

2016년에는 마침내 재빈과 작별을 했다.
완치 판정을 받은 것이다. 연차로 따지자면 그 다음 해인
2017년이 완치판정 받는 해지만 교수님이 보기엔 이를 데 없는
완치였나 보다. 완치 판정이라 하면 굉장한 축하를 받거나
옆에서 환호성이 들리거나 할 줄 알았는데 교수님은 내가
새삼스러운 사실을 묻기라도 한 것처럼
"…수연이? 수연이는 완치지 뭐." 라고 덤덤하게 말씀하셨다.

그렇게 '안녕, 재빈'은 또 다른 의미를 갖게 되었다.
블로그 타이틀대로 다시 꽃 피는 봄이 찾아온 것이다.

이제는 내가 아팠던 시간이 그저 겨울에 불과했다고 느낀다.
겨울이 가고 봄이 오듯 혹독한 추위를 견디고 다시
꽃 피는 봄이 오면 그때 말없이 틔울 싹을 조용히 품고
있었을 뿐이었구나.

주변에서 예쁘고 화려한 꽃을 피우든
굵직하고 든든한 나무로 자라든 상관 않는다.

나는 이 작은 싹 하나 틔우고자 내내 웅크려 숨죽이고
있었으니 흙을 비집고 올라온 것만으로도 충분하다.
내가 무엇이 될지는 그저 자라기만 하면 알 일이다.
나는 견뎠고, 싹틔웠고, 자랄 것이다.

몸이나 마음이 아픈 이가
이 글을 보고 있다면 감히 말해주고 싶다.

이제 당신 차례라고.

투명한
나날들

이미 여러 번 만졌던 원고라서 쉽게 쓸 수 있을 줄 알았는데
착각이었네요. 수없이 조각되어 세상 밖으로 나가는 글이지만
머잖아 다시 보았을 때 아쉬움이 많이 남을지도 모르겠습니다.

18살 겨울, 졸업전시를 끝낸 저는 언니 오빠들을 따라
서울에 올라갈까 고민 중이었습니다. 취업하기에는 제주보다
서울이 더 나을 테니까요. 조금만 쉬고 생각해보려고 했는데
난데없이 희귀난치병 확진을 받았습니다.
얼마나 어이가 없던지요.

재생불량성 빈혈은 정말 정보가 부족한 병입니다.

사례가 많다고 한들 내가 어떤 상황에 놓일지 한 치 앞도
예상할 수 없으니 직접 몸으로 부딪혀 보는 수밖에 없죠.

시간이 흘러 제가 어느 정도 건강해지자 이제 막 투병을
시작하는 사람들이 눈에 밟혔습니다. 밤낮으로 정보를 찾았던
그때 우리 가족처럼 많이 답답하겠지, 막막하겠지….
저는 투병 중인 환자 1일 뿐이었지만 내 기록을 다듬어서
올려야겠다고 생각했습니다. 그렇게 시작한 블로그였어요.

블로그를 찾는 사람이 점점 많아질수록 다양한 형태로
연락이 오기 시작했습니다. 상담을 부탁하거나 여러 가지
질문, 응원, 감사 인사 등…. 제가 얼마나 많은 사람들에게
영향을 주고 있는지 새삼 무서워졌어요. 단 한 명에게라도
보탬이 되길 바라며 쓴 글인데 지레 겁먹게 했거나 부추긴 꼴이
됐으면 어쩌지. 내가 무사했으니 당신들도 그러리란 뜻으로
곡해하면 어쩌지. 조언이라고 길게 적은 말이 상처가 되진
않았을지, 이름 모를 누군가가 나를 탓하고 있진 않을지
돌아보게 되었습니다.

그 부담감으로 블로그를 닫으려고 했었는데
그래도 정보글이라고 올린 게 아까웠어요.

제 글을 보는 사람들은 최소한 저와 같은 시행착오는
겪지 않았으면 했거두요. 누구 한 명에게라도 도움이 된다면
충분히 가치있는 일이니까요.

저는 투병하며 많이 울고, 좌절하고, 우울하고, 힘들어했습니다.
와중에 깨알 같은 희망이 있기도 했고 '뭐, 어떻게든 되겠지'
하고 포기에 가까운 해탈도 했었죠. 많은 시간이 지나면
이 힘든 시간도 좋은 경험이 될 거라 생각했습니다.
그래야 지금 덜 억울하니까요.

일종의 정신승리였지만 지금 생각해보면
그동안 많은 것을 배우고 얻었습니다. 가족의 소중함,
건강의 소중함, 생명의 유한함, 삶과 죽음의 경계,
나의 가치관…. 또 병원이 어떤 곳인지, 의사와 간호사가
어떤 존재인지 새롭게 느껴졌고 이름 모를 공여자의
골수 기증에 말로 다 하지 못할 만큼 감사했습니다.

나를 살아있게 해준 공여자 언니에게
이 책을 바치고 싶네요.

정말 감사합니다.

2017년 11월 5일은 이식 5주년이었습니다. 이식한지 1826일,
드디어 다섯 살이 되던 날이었죠. 골수이식 후 5년 동안 재발이
없으면 완치로 본다고 하니 이제 당당하게 '나 완치 됐어!' 라고
말할 수 있게 되었습니다.

지난 6년 동안의 '투명한 나날들'을 고스란히 담아낸 이 책이
독자 여러분의 마음 깊숙한 곳 어느 한편에 자리 잡는 책이었으면
합니다. 이 책을 덮고 나서 다시 일상을 마주했을 때 당신의 눈에
보이는 것들이 조금 더 선명해지기를, 그래서 이전보다 많은 색을
느끼고 감동받을 수 있기를, 지치고 힘들 때 다시 책장에서 꺼내어
당신의 마음에 조용히 스며들기를, 진심으로 바라요.

THANKS TO...

기꺼이 골수를 기증해준 공여자님,

제 인생 최고의 의사인 서울아산병원 이규형 교수님,

이식준비할 때 많은 도움을 주신 이영신 코디 선생님,

당시 전임의, 전공의, 일반 병실과 무균실 간호사 선생님들,

어릴 때부터 다니던 중문의원 이명환 선생님,

한라병원 송치원 선생님, 이재석 선생님,

처음 확진을 받고 갈피를 잡지 못할 때 힘이 되어준
다음 카페 재생불량성빈혈 환우회,

헌혈증을 지원해준 혈액암협회와 백혈병환우회,

많은 글감을 꺼낼 수 있게 도와주시고 응원해주신
만화작가 김세영 선생님

그리고 많은 일에 울고 웃었던 우리 가족.

덕분입니다.
감사합니다.

이 책에 사용된 이미지는 최대한 출처를 표기하려고 노력하였습니다. 만약 저작권 문제가 있는 이미지의 경우 출판사로 알려주시면 관련 내용 확인 후 조속히 해결하겠습니다.

갖다 버리고 싶어도 내 인생

죽는 것과 사는 것, 둘 중에 하나는 쉬워야 되는 거 아닌가요?

발 행 일	2019년 6월 4일 초판 1쇄
	2019년 6월 13일 초판 4쇄
글·그림	하수연
펴낸이	강민호
펴낸곳	㈜턴어라운드
기획·편집	정호정
디자인	문지용
교정·교열	전하영
마케팅 전략	턴어라운드 컨설팅그룹
출판등록	2019.04.10 제 2018-000106호
주소	서울시 강남구 압구정로4길 13-7 오피스라인 401호
전화	02-529-9963
웹사이트	www.tabook.kr
이메일	turnbook@naver.com
ISBN	979-11-963721-7-0 (03320)

• 저자와의 협의 하에 직인은 생략하며, 저작권자나 발행인의 승인 없이 이 책의
  일부 또는 전부를 무단 복사, 복제, 전재하는 것은 저작권법에 저촉됩니다.
• 책값은 표지 뒷면에 있습니다. 잘못된 책은 구입처에서 바꾸어 드립니다.
• 출판하고 싶은 원고가 있다면 turnbook@naver.com으로 보내주세요.

© ㈜턴어라운드

이 도서의 국립중앙도서관 출판예정도서목록(CIP)은 서지정보유통지원시스템 홈페이지
(http://seoji.nl.go.kr)와 국가자료종합목록시스템(http://www.nl.go.kr/kolisnet)
에서 이용하실 수 있습니다. (CIP제어번호 : CIP2019019516)